Katarina Schickling

Besser einkaufen

KATARINA SCHICKLING

BESSER EINKAUFEN

Der Lebensmittel-Ratgeber
für kritische Verbraucher

HERDER
FREIBURG · BASEL · WIEN

MIX
Papier aus verantwor-
tungsvollen Quellen
FSC® C083411

Umschlaggestaltung: Zero Media, München
Umschlagmotiv: © paul prescott – shutterstock
© Praisaeng – shutterstock

Satz: Daniel Förster, Belgern
Herstellung: CPI books GmbH, Leck

Printed in Germany

ISBN 978-3-451-60053-1

Inhalt

Einleitung

Wir möchten so gerne alles richtig machen. Lebensmittel für unseren täglichen Bedarf einkaufen und dabei ein gutes Gewissen haben: politisch korrekt erzeugte Produkte aussuchen, ökologisch ausgewogen, zu fairen Erzeugerpreisen. Ein Verbraucher sein, der das Tierwohl und die Transportwege bedenkt, sich gesund ernährt, und all das, ohne ein Vermögen auszugeben.

Dabei stoßen wir jedoch ständig an Grenzen: Regional klingt plausibel – doch die Ökobilanz eines chilenischen Apfels kann, je nach Jahreszeit, besser sein als die eines Bodenseeapfels, der seit der Ernte im Kühlhaus lagert. Saisonal einkaufen hilft beim Sparen – aber wer weiß schon noch so genau, was wann wirklich wo Saison hat ... Selbst wer immer das Teuerste kauft, geht nicht auf Nummer sicher: Bei Rewe zum Beispiel kann die »Ja!«-Milchtüte zuweilen die identische Milch enthalten wie die 50 Prozent teurere »Rewe-Frischmilch«.

Auch auf unsere Gesetzgebung ist in diesem Zusammenhang kein Verlass: Die verschiedenen Gütesiegel mit ihren so unterschiedlichen Kriterien machen den Durchblick selbst für engagierte Kunden fast unmöglich. Tierschutzlabel halten oft nicht das, was sie versprechen. Handelsbezeichnungen führen den Verbraucher manchmal sogar gezielt in die Irre – zum Beispiel die Kalbfleischleberwurst, die komplett ohne Kalbsleber auskommt, oder die italienischen Tomaten, die in China am Strauch gewachsen sind und in Italien nur eingedost wurden. Inhaltsstoffe auf Zutatenlisten sind oft etwas ganz anderes, als wir arglosen Käufer vermuten würden – wer denkt bei »Milcheiweißerzeugnis« oder »Weizenextrakt« schon an Geschmacksverstärker ...

Als Fernsehjournalistin mache ich seit vielen Jahren Filme für ARD und ZDF über Ernährung, darunter zum Beispiel die Reihe »Lebensmittelcheck mit Tim Mälzer« in der ARD. Ich habe für diese Dokumentationen oft in Ställen und Fabriken gedreht und viele Male hinter die Kulissen unserer Lebensmittelerzeugung blicken dürfen. Die Ergebnisse dieser Recherchen möchte ich in diesem Buch an Sie weitergeben. Aufgeteilt nach Lebensmittelkategorien will ich die Erzeugung unserer Lebensmittel transparenter machen: Warum ist unsere Milch so billig und weshalb ist das nicht nur für uns schlecht, sondern auch für die Menschen in Afrika? Welche Eier stammen wirklich von glücklichen Hühnern? Woran erkenne ich, wie viel Zucker tatsächlich in meinem Frühstücksmüsli enthalten ist? Welchen Rucksack an ökonomischen und ökologischen Konsequenzen kaufe ich mit ein, wenn es bei mir selbst gemachte Guacamole zum Abendessen gibt?

Dieses Buch ist ein Wegweiser durch den unübersichtlichen Dschungel aus Lebensmittelvorschriften, Tierhaltungs- und Produktionsbedingungen, Handelsstrukturen und Herkunftsquellen bei Nahrungsmitteln, der uns das tägliche Einkaufen so erschwert. Die Angaben zu Haltungsbedingungen für Tiere und Lebensmittelkennzeichnung sind auf dem Stand von Herbst 2017 und beruhen unter anderem auf den zu diesem Zeitpunkt gültigen gesetzlichen Vorschriften oder auf den Angaben einschlägiger Verbände. Ich möchte ihnen damit zeigen, was man beim Einkaufen beachten kann, wo wir Verbraucher hinters Licht geführt werden, welche Siegel vertrauenswürdig sind, was das Kauderwelsch auf Zutatenlisten wirklich bedeutet und wie uns Kunden das gelingt, was wir eigentlich wollen: mit gutem Gewissen gute Lebensmittel kaufen.

Katarina Schickling, München im Februar 2018

Teil 1: Wie unser Lebensmittelmarkt funktioniert

Immer wenn ich im Ausland unterwegs bin, gehe ich besonders gerne einkaufen. Ich fand es schon als kleines Mädchen spannend, auf Märkten herumzustreifen. Damals in den 1970er-Jahren unterschied sich das Warenangebot je nach Land gewaltig: andere Obst- und Gemüsesorten, fremde Düfte, Wurst- und Käsevarianten, die ich noch nie gesehen hatte ... Ich weiß noch gut, wie beeindruckt ich war, als ich während eines Schüleraustauschs 1982 den ersten britischen Supermarkt meines Lebens besuchte und über indische Currypasten und zehn verschiedene Sorten Lachsaufstrich staunte ...

Heute gibt es alles immer und überall: italienischen Espresso, portugiesisches Meersalz, französische Butter, Erdbeeren ganzjährig – alles Alltag. Trotzdem gehe ich immer noch gerne in ausländische Supermärkte: Irgendwie kommt mir etwa in Frankreich oder Großbritannien oder auch bei unseren österreichischen Nachbarn das Angebot hochwertiger vor. Ich war mir lange Zeit nicht sicher, ob mir da nicht meine Psyche einen Streich spielt: Das Gras auf der anderen Seite ist ja immer grüner ... Bis wir uns 2014 in der ARD-Reihe »Lebensmittelcheck mit Tim Mälzer« mit dem Thema Gemüse befassten.

Auf dem Hamburger Großmarkt drehten wir damals mit dem Großhändler Jörn Reimers. Mitten in der Nacht, um 1 Uhr morgens, erschütterte der unser Weltbild: »Deutschland ist in Europa der Müllplatz! Was bei uns landet, ist das, was andere Staaten in Europa nicht haben wollen. England, Frankreich, Holland geben mehr Geld für Obst und Gemüse aus, die kriegen allererste Qualitäten, die kriegen wir gar nicht, weil wir

in Deutschland nicht bereit sind, das Geld dafür auszugeben!«
Der Händler zeigte dem Fernsehkoch Tim Mälzer, was er gerade an Tomaten im Angebot hatte: blässliche Ochsenherztomaten zum Beispiel. »Die sind zu früh geerntet worden, weil sie dann länger halten.« Reif geerntete Tomaten schmecken natürlich besser. Aber da gibt es auch mehr Ausschuss. Deshalb muss der Handel die teurer kalkulieren. Und es gibt tatsächlich kaum ein europäisches Land, wo die Lebensmittelpreise noch niedriger sind als bei uns. Jenseits der Grenze in Österreich hingegen hat die Versorgung mit hochwertigen Lebensmitteln sogar Verfassungsrang.[1] Dort ist nicht nur die Mehrwertsteuer auf Lebensmittel höher. Wegen der besseren Lebensmittelstandards sind die Preise höher, die Qualität aber auch besser. Gerade in Sachen Tierschutz ist die Alpenrepublik ein Vorreiter. In der Schweiz wiederum sind Lebensmittel auch in Relation zu den generell höheren Lebenshaltungskosten deutlich teurer als bei uns. Dort ist allerdings die Struktur im Lebensmitteleinzelhandel eine völlig andere als in Deutschland. Und die hat spürbare Folgen für die Qualität der gehandelten Ware.

---

1   Im BGBl. I Nr. 111/2013 §5 heißt es: »Die Republik Österreich (Bund, Länder und Gemeinden) bekennt sich zur Sicherung der Versorgung der Bevölkerung mit hochqualitativen Lebensmitteln tierischen und pflanzlichen Ursprungs auch aus heimischer Produktion sowie der nachhaltigen Gewinnung natürlicher Rohstoffe in Österreich zur Sicherstellung der Versorgungssicherheit.«

1. Die ungute Macht der Handelsketten

Billige Lebensmittel für jedermann – eigentlich klingt das nach paradiesischen Verhältnissen, gerade für uns Verbraucher... dabei hat die Qualität unserer Lebensmittelversorgung in Wahrheit sichtbar gelitten. Als ich klein war, gab es bei mir im Viertel mehrere Metzger; dass diese Metzger ihre Wurst selbst machten, war selbstverständlich. Genauso selbstverständlich war, dass die vielen Bäcker – fast an jeder Ecke gab es einen – eigene Backstuben hatten. Heute sind Wurst und Brot beinahe immer Industrieartikel. Die vielen Metzgereigeschäfte sind durch die Fleischtheken der Supermärkte verdrängt worden. Bei den Bäckereien läuft gerade ein ähnlicher Prozess. Zumindest in den Großstädten haben sich wenigstens die Obst- und Gemüseläden der griechischen und türkischen Händler gegen die Konkurrenz der großen Märkte behauptet – weil sie als Familienbetriebe mit konsequenter Selbstausbeutung arbeiten und so dem Preisdruck standhalten. Auf dem Land jedoch sind die Supermärkte und Discounter auf der grünen Wiese heute oft die einzige Einkaufsquelle für Lebensmittel. Und genau das schafft Probleme.

Das Warenangebot, das uns zur Verfügung steht, die mindere Qualität, die uns oft angeboten wird – das hat viel zu tun mit der Struktur des Lebensmitteleinzelhandels in Deutschland. Der wird von vier großen Konzernen dominiert:

▶ Die Nummer eins im Lebensmitteleinzelhandel in Deutschland ist Edeka mit einem Marktanteil von 25 bis 30 Prozent. Neben den Edeka-Märkten gehören dazu Netto, Plus und Marktkauf.

▶ Die Schwarzgruppe mit dem Discounter Lidl und den Kaufland-Einkaufszentren kommt auf 20 bis 25 Prozent Marktanteil.

► Dahinter folgt die Rewe-Gruppe mit einem Marktanteil von 15 bis 20 Prozent. Zur ihr gehören auch die Penny-Discounter.

► Aldi Nord und Süd haben gemeinsam einen Marktanteil von ebenfalls 15 bis 20 Prozent.

Diese Zahlen hat das Bundeskartellamt ermittelt, als es um die Frage ging, ob Edeka die Tengelmann-Märkte übernehmen darf. Die Wettbewerbshüter haben schon lange ein Auge darauf, ob es in diesem Marktbereich illegale Preisabsprachen gibt. Denn erstaunlicherweise kosten bestimmte Grundnahrungsmittel überall exakt das Gleiche: Milch von den Eigenmarken der Supermärkte und Discounter zum Beispiel. Butter. Mehl. Zucker. Wer einen Standardwarenkorb mit 15, 20 Produkten bei Aldi, Lidl, Rewe und Edeka einkauft, landet vier Mal auf den Cent genau bei der gleichen Endsumme. Ein Kartell also?

Nein, vermutlich nicht. Es ist viel einfacher: Wir reden hier ja nicht von vertraulichen Angeboten auf eine interne Ausschreibung. Was der Camembert bei Aldi kostet, muss nicht heimlich durchgestochen werden. Da reicht ein Besuch an der Kühltheke... Der Aldi-Preis hat sich gewissermaßen als »Leitwährung« der Branche etabliert: Der Discounter kalkuliert so knapp, dass das Unterbieten dieser Marke zwangsläufig Verlust bedeutet. Und mehr verlangen geht auch nicht: Dann bleibt die Kundschaft aus. Vier annähernd gleich große Wettbewerber, die alle miteinander ein extremes Interesse daran haben, dass die Preise niedrig sind: Das bedeutet einen immensen Druck für die Hersteller, teilweise mit absurden Folgen.

Vor einigen Jahren durfte ich bei einem der ganz Großen in der Geflügelerzeugung hinter die Kulissen blicken: Wiesenhof. Der Hähnchenmäster erzeugte damals 2010 zwei Fünftel der Brathähnchen, Chicken Wings und Co, die auf unseren Tellern landen. Neben frischem Fleisch produzierte Wiesenhof auch diverse Geflügel-Fertiggerichte. Für diese Produkte kaufte der Hersteller damals das Fleisch in Brasilien – die eigenen Hähnchen wären angesichts der Endpreise, die ihm der Handel vorgab, zu teuer gewesen. Selbst ein Branchenriese wie Wiesenhof kann sich diesem Druck also nicht entziehen. Wer ausgelistet wird, weil er die Preisvorgaben nicht einhalten kann, verliert durch die Konzentration im Lebensmitteleinzelhandel gleich ein Sechstel bis Viertel seines Absatzmarktes. Also müssen die Lieferanten immer neue Wege finden, immer noch billiger zu produzieren. Ersetzen etwa bei Fertiggerichten immer mehr teure »echte« Bestandteile durch die kostengünstigeren Verdicker, Aromen und Geschmacksverstärker. Kaufen Zutaten weltweit ein, immer da, wo die Preise gerade am niedrigsten sind. Mit dem Resultat, dass im reichen Deutschland Lebensmittel unglaublich wenig kosten.

Wie geil ist Geiz?

Wo aber soll da der Nachteil für uns Kunden liegen? Ist doch toll, dass wir günstig einkaufen können, oder? Nicht wirklich! Denn den wahren Preis für unsere Lebensmittelschnäppchen zahlen wir längst anderswo: über die Subventionen, mit denen wir die Bauern gerade so überleben lassen, weil wir ihnen für ihre Erzeugnisse oft nicht mal mehr den Selbstkostenpreis zugestehen. Oder über die Trinkwasserpreise, weil die hoch industrialisierte Landwirtschaft für eine extreme Nitratbelastung des Grundwassers sorgt. Und den Preis zahlen natürlich Millionen Tiere, die unter unzumutbaren Bedingungen gehalten werden. Zu guter Letzt bekommen wir für unser kleines Geld dann auch nur kleine Qualität. Der Müllplatz Europas eben ...

Ich bezweifle allerdings, dass es wir Kunden sind, die das so wollen. Ich denke, dass wir uns deshalb im Zweifel am Preis orientieren, weil das in letzter Konsequenz das einzige Kriterium ist, an dem wir uns zuverlässig orientieren können. Die Vorschriften darüber, was wie gekennzeichnet werden muss, sind so verwirrend, dass sie oft eher der Verbrauchertäuschung dienen als der Information über die Eigenschaften eines Produktes. Es stimmt meiner Erfahrung nach nicht, dass wir Kunden immer nur das Billigste kaufen. Da, wo verlässliche Kennzeichnung mir Sicherheit gibt, dass der höhere Preis auch einen Mehrwert schafft – bessere Qualität, bessere Haltungsbedingungen für Tiere oder bessere Löhne für Bauern –, zahlen Verbraucher schon heute bereitwillig mehr für ihre Lebensmittel. Eine bayerische Molkerei, deren Milch stets die Teuerste im Regal ist, hat in Bayern dennoch einen Marktanteil von 30 Prozent – weil die Kunden ihr vertrauen. Eine Münchner Bio-Großbäckerei trotzt erfolgreich den Billig-Backstuben mit teurerem, hochwertigem Brot – auch hier geht es um das Vertrauen der treuen Kundschaft. Bei Eiern verkaufen sich die teureren Kategorien Freiland und Bio überproportional gut – weil die Kennzeichnung transparent und auch für Laien einfach nachvollziehbar ist. Das Meinungsforschungsinstitut Civey hat im September 2017 für Spiegel Online Verbraucher befragt, welchen Milchpreis sie für angemessen halten – 49 Prozent der Teilnehmer fanden über 1 Euro pro Liter gerechtfertigt. Bei Aldi war der Liter zu dieser Zeit für 68 Cent zu haben …[2] Umso ärgerlicher, wenn unsere Bereitschaft, für gute, fair erzeugte Produkte mehr Geld auszugeben, missbraucht wird.

---

2   http://www.spiegel.de/wirtschaft/unternehmen/superkuehe-umfrage-zum-milchkon
    sum-viele-wollen-mehr-geld-ausgeben-a-1168460.html

Regional als Mogelpackung

Lebensmittel aus der Region haben seit einiger Zeit ein besonders positives Image. Im Mai 2014 gaben bei einer Umfrage des GFK-Vereins 63 Prozent der Befragten an, im Zweifel grundsätzlich Produkte aus der Region zu kaufen.[3] Jetzt kann man sicher diskutieren, was genau regionale Lebensmittel sind. Nordseekrabben kommen streng genommen nicht aus Hamburg; jeder Hamburger wird sie aber als heimische Spezialität akzeptieren, ebenso wie ein Münchner zwar nicht in den Alpen wohnt, aber Alpenmilch dennoch als regionale Milch empfindet. Doch im Großen und Ganzen sind wir Kunden uns doch recht einig darüber, was dieser Begriff bezeichnet: Die Deutsche Landwirtschaftsgesellschaft erhebt seit 2011 regelmäßig, was Kunden unter dem Stichwort »Regionalität« verstehen. 40 Prozent der Befragten erwarten dabei Lebensmittel aus ihrer Stadt oder der näheren Umgebung, weitere 50 Prozent rechnen damit, dass die Ware zumindest aus dem eigenen Bundesland stammt. Den Kunden geht es dabei um kurze Transportwege und um die Unterstützung der heimischen Landwirtschaft.[4]

Schade nur, dass die geltenden Gesetze es Herstellern erlauben, uns bei der Suche nach diesen Produkten gezielt auf Abwege zu führen. Mal angenommen, Sie wohnen in Baden-Württemberg und möchten heimischen Apfelsaft trinken. Im Supermarkt finden sie einen Apfelsaft aus Konzentrat von einer Fabrik aus der Gegend. Und möglicherweise finden Sie am Regal sogar eine extra Kennzeichnung, dass es sich hier um ein Produkt aus der Region handelt. Als argloser Käufer haben Sie jetzt Bilder von sonnigen Wiesen mit Apfelbäumen am

---

3   http://www.gfk-verein.org/compact/fokusthemen/ernaehrung-geschmackssache

4   http://www.dlg-verbraucher.info/de/lebensmittel-wissen/studien/dauerbrenner-regionali-
    taet.html

Tabelle 1: Regionale Siegel in Deutschland

	Region	Herkunft bei Obst/ Gemüse
Regionalfenster	kleiner als Deutschland	100 %
Gesichterte Qualität Baden-Württemberg	Baden-Württemberg	100 %
Geprüfte Qualität Bayern	Bayern	100 %
Geprüfte Qualität Hessen	Hessen	100 %
Geprüfte Qualität Nordrhein-Westfalen	Nordrhein-Westfalen	100 %
Gesicherte Qualität Rheinland-Pfalz	Rheinland-Pfalz	100 %
Gesicherte Qualität Saarland	Saarland	100 %
Geprüfte Qualität Schleswig-Holstein	Schleswig-Holstein	100 %
Geprüfte Qualität aus Thüringen	Thüringen	100 %
Geprüfte Regionalität	wird von den Regional- initiativen definiert	100 %

Herkunft bei verarbeiteten Lebensmitteln wie Wurst	Futtermittel aus der Region?	Hergestellt in der Region?
Hauptzutat 100 %, insgesamt 51 % der Gesamtmasse	nein	In der Regel ja
mindestens 90 %, ohne Wasser und Kochsalz	51 % aus betriebseigener Erzeugung	ja, sehr wenige Ausnahmen
genannte Zutaten 100 %, Anteil am Gesamtprodukt zu mind. 60 %	nein	ja
100 % der Hauptzutat, mind. 50,1 % des Gesamtproduktes	Rindermast: 50 % aus dem Betrieb	ja, wenige Ausnahmen bei der Verarbeitung
mindestens 80 % der Hauptzutat aus NRW	nach Möglichkeit	ja
es werden keine verarbeiteten Produkte angeboten	51 % aus betriebseigener Erzeugung	ja
mindestens 90 %, ohne Wasser und Kochsalz	51 % aus betriebseigener Erzeugung	ja, sehr wenige Ausnahmen
Milcherzeugnisse: 95 % Fleischwaren: 60 %	nach Möglichkeit	Monoprodukte ja, verarbeitete Produkte nein
50,1 % des Gesamtprodukts	nein	ja
100 %, produktspezifische Abweichungen müssen dargestellt werden	ja	ja, alle Stufen der Wertschöpfungskette

Bodensee im Hinterkopf – und schon sind Sie auf dem Holzweg… Denn die Informationen am Regal und auf der Packung bedeuten so formuliert keineswegs, dass die Äpfel, aus denen der Saft gewonnen wurde, tatsächlich regionale Äpfel sind. Ein großer Teil des Apfelsaftkonzentrats auf dem deutschen Markt stammt aus China. Dort sind die Löhne niedrig, die Umweltschutzbestimmungen locker und die Früchte entsprechend billig. Damit der Saft aus chinesischen Äpfeln als baden-württembergischer Saft gelten darf, reicht es aus, wenn das Konzentrat in der schwäbischen Fabrik mit Wasser verdünnt und in die Tüte gefüllt worden ist. Diese Art Etikettenschwindel ist weit verbreitet: Italienische Dosentomaten zum Beispiel werden dadurch zu Italienern, dass die chinesische Ware im Hafen von Genua von großen Transportcontainern in Dosen umgefüllt wird. Bei frischem Fleisch muss mittlerweile zwar die Aufzucht und Schlachtung auf der Verpackung dokumentiert sein. Die Geburt jedoch nicht… Also werden Eintagsküken quer durchs Land gefahren. Noch absurder ist die Lage bei frischem Obst und Gemüse: Da bestimmt der Ort der Ernte die Herkunftsbezeichnung. Also bauen findige Erzeuger Champignons auf Wagen an, etwa in Polen oder Holland, und fahren diese mobilen Beete zur Ernte nach Deutschland, um ihre Ware mit dem Glanz der Regionalität zu adeln.

In der Schweiz gelten bei Herkunftsbezeichnungen deutlich strengere Regeln, zumindest soweit es Schweizer Produkte betrifft. Die sogenannte »Swissness« ist im schweizerischen Markenschutzgesetz geregelt. Darin heißt es: »Die Herkunft eines Lebensmittels entspricht dem Ort, von dem mindestens 80 Prozent des Gewichts der Rohstoffe, aus denen sich das Lebensmittel zusammensetzt, kommen. Bei Milch und Milchprodukten sind 100 Prozent des Gewichts des Rohstoffes Milch erforderlich.« Und weiter: »Die Herkunftsangabe muss außerdem dem Ort entsprechen, an dem die Verarbeitung stattgefunden hat, die dem Lebensmittel seine wesentlichen Eigenschaften verliehen hat.«[5] »Bayerische Milch« hingegen ist laut EU-Gesetzgebung Milch, die in Bayern abgefüllt wurde – was in der Packung landet, kann auch aus Dänemark oder Polen herangekarrt worden sein. In der Schweiz wäre das nicht zulässig: Das Schweizerkreuz auf Milchprodukten besiegelt tatsächlich das, was der Verbraucher dadurch vermutet – ein echtes Schweizer Produkt. Manchmal hat es eben Vorteile, ein kleines Land zu sein, das seine eigenen Regeln bestimmen kann. Allerdings sind Lebensmittel in der Schweiz auch viel teurer.

Wie fair kann Kaffee sein?

Begonnen hat es mit dem liebsten Frühstücksgetränk der Deutschen: 1992 gründeten mehrere Hilfsorganisationen gemeinsam die ARGE Kleinbauernkaffee, um Strukturen gegen einen verbreiteten Missstand zu schaffen: Bis dahin hatten an hochwertigen Lebensmitteln wie Kaffee oder Kakao vor allem international agierende Großkonzerne verdient.

Fortan sollten die Bauern in der Dritten Welt besser an der Wertschöpfung ihrer Erzeugnisse beteiligt werden. Aus dieser Gründung ging der Verein »Transfair« hervor, der bis heute das wichtigste Fairtrade-Siegel in Deutschland zertifiziert.

Ein Beispiel, das Schule machte: Heute gibt es zahllose Labels, von Herstellern, Vereinen und Bio-Verbänden, die alle irgendwie faire Preise, schonenden Umgang mit der Natur, den Verzicht auf Kinderarbeit und Ähnliches versprechen. Die schlechte Nachricht: Auch hier gibt es keine verbindlichen gesetzlichen

---

5 https://www.admin.ch/opc/de/classified-compilation/19920213/index.html, Artikel 47 und 48

Standards, die garantiert sein müssen, damit das Produkt sich »fair« gehandelt nennen darf. Im Prinzip kann jede Organisation selbst bestimmen, was bei ihr unter Fairtrade zu verstehen ist. Oft ist zudem schwer durchschaubar, wie viel vom deutlich höheren Produktpreis tatsächlich beim armen Kaffeebauern landet. Die gute Nachricht jedoch: In diesem Segment tummeln sich vergleichsweise wenige schwarze Schafe. Die Verbraucherzentrale Hamburg hat 2016 zahlreiche »faire« Produkte unter die Lupe genommen und eine sehr gute Übersicht veröffentlicht, worauf Verbraucher vertrauen dürfen.[6]

Noch besser wäre es allerdings, wenn, ähnlich wie etwa beim Umweltsiegel »Blauer Engel«, vom Gesetzgeber klare Regeln aufgestellt würden, die Etikettenschwindel unterbinden. Siegel sollten im Idealfall Vertrauen schaffen. Niemand kann vor oder nach jedem Einkauf stundenlang im Internet recherchieren – genau dafür wären eigentlich Verbraucherschutzgesetze da.

Verbraucherschutz – ein Stiefkind

Bei meinen Recherchen hat sich mir allerdings leider ein anderes Bild gezeigt: Gerade im Lebensmittelbereich nutzen die geltenden Gesetze viel öfter der Industrie als uns Verbrauchern. Der Großteil der geltenden Regeln – ob das Vorgaben zur Kennzeichnung sind, nicht geschützte Herkunftsbezeichnungen oder eben Siegel, wo sich jeder sein Regelwerk selbst erfinden darf – trägt eher zur Desinformation bei als zur Information. Die Lobby des Handels und der großen Lebensmittelmultis ist enorm mächtig. An dieser Branche hängen viele Arbeitsplätze; oft schreiben die Lobbyisten der einschlägigen Verbände an den Gesetzen praktischerweise gleich selbst mit.

---

6   http://www.vzhh.de/ernaehrung/352452/ist-das-fair.aspx

Das Scheitern der Lebensmittelampel auf EU-Ebene ist dafür ein unrühmliches Paradebeispiel.

In den folgenden Kapiteln möchte ich Sie mit etwas Werkzeug ausstatten: Woran erkenne ich hochwertige Lebensmittel, die ich mit gutem Gewissen kaufen kann? Auf welche Kennzeichnungen und Siegel kann ich vertrauen? Wie finde ich das, was ich eigentlich kaufen möchte? Wo lauern Verbraucherfallen? Wie finde ich heraus, unter welchen Bedingungen mein Mittagessen erzeugt worden ist? Damit Sie künftig der mündige Verbraucher sein können, den unsere Politiker in ihren Sonntagsreden so gerne bemühen. Leider machen uns das dieselben Politiker nicht immer leicht...

2. Lieber Bio?

Wer freiberuflich arbeitet und Fernsehdokus macht, ist eigentlich froh über jeden Auftrag. Und doch gibt es einen Film, den ich in den vergangenen zehn Jahren bestimmt schon drei oder vier Mal abgelehnt habe: »Die Bio-Lüge«. Immer wieder sind Redaktionen, die meine Arbeit im Lebensmittelbereich kennen, an mich herangetreten, immer mit dem Wunsch, doch mal eine richtig gute Enthüllungsdoku zu machen, darüber dass Bio-Lebensmittel auch nicht immer das Wahre seien.

Sind sie auch nicht. Überall, wo Geschäfte gemacht werden, gibt es Menschen die schummeln, tricksen und betrügen. Kein Kontrollnetz kann so engmaschig sein, dass es sich nicht irgendwie umgehen lässt. Und als Journalistin habe ich ohne Zweifel den Auftrag, Missstände aufzudecken und anzuprangern, ganz im Sinne des Verbrauchers. Doch bei diesem Thema hatte ich immer das ungute Gefühl, diesem Verbraucher damit in Wahrheit einen Bärendienst zu erweisen. Warum ist gerade dieses Thema für die Medien so sexy? Warum ist es für mich viel schwieriger, einen Film über die Zustände in konventionellen Schweineställen unterzubringen, von denen es wesentlich mehr gibt als Bio-Betriebe? Oder über problematische Praktiken beim konventionellen Getreideanbau? Während mir gleichzeitig ein Film über einzelne schwarze Schafe im Bio-Bereich begeistert aus den Händen gerissen würde?

Weil unsere Medienwelt immer auf der Suche nach etwas Neuem mit Sensationswert ist. Wenn wir bei Aldi Schweinekoteletts kaufen, die weniger kosten als ein Kilo Kartoffeln, dann ist uns natürlich schon irgendwie klar, dass das Schwein zuvor kein glückliches Leben in einer Bauernhofidylle verbracht hat. Da ist die Fallhöhe und damit der Sensationswert bei einem Bio-Erzeuger doch gleich viel höher. Wie schön, wenn uns zur besten Sendezeit demonstriert wird, dass wir für mehr Geld auch nichts Besseres bekommen hätten.

Ist Bio gesünder?

Eine beliebte Spielart dieses Themas besteht in triumphierenden Berichten darüber, dass Bio-Gemüse gar nicht gesünder sei. Nicht nährstoffreicher. Dass manch konventioneller Apfel, je nach Sorte, mehr Vitamine enthalten könne als ein Bio-Apfel einer anderen Sorte. Auch beim Geschmackstest schneidet Bio nicht zwangsläufig besser ab. Wer sein Leben lang das weiche Fleisch eines Wiesenhof-Hähnchens gegessen hat, eines Tiers, dass sich in den weniger als vierzig Tagen seines Lebens praktisch nicht bewegt hat und deshalb weitgehend muskelfrei ist, der findet ein Bio-Huhn, das durch die Wiese gerannt ist, oft zu fest im Biss. Selbst Tim Mälzers Bio-Metzger konnte bei einer Blindverkostung für eine unserer Fernsehdokumentationen nicht sein Bio-Rind von einem konventionellen Steak aus dem Supermarkt unterscheiden. Gerade für Schweine und Hühner ist es wirklich Pech, dass sie sich unter industriellen Erzeugungsbedingungen halten lassen und trotzdem immer noch wohlschmeckendes Fleisch liefern.

Die Frage, wie gesundheitsschädlich Pestizidrückstände bei Obst und Gemüse sind, ist in der Wissenschaft umstritten. Klar ist aber, dass das vorrangig ein Problem von konventionellem Obst und Gemüse ist. Das Bundesamt für Verbraucherschutz veröffentlicht regelmäßig Aufstellungen, bei welchen Sorten die meisten Beanstandungen auftreten: Frische Kräuter stehen da immer oben auf der Liste, außerdem Johannisbeeren, Mandarinen, Mangos, Tafeltrauben, Auberginen, Bohnen (mit Hülsen), Feldsalat, Knollensellerie, Kulturpilze, Paprika, Rettich, Radieschen und Spinat. 2015 ganz ohne Beanstandung blieben Bananen, Himbeeren, Kirschen, Melonen, Pfirsiche, Pflaumen, Erbsen, Karotten, Kartoffeln, Kopfkohl, Porree und Spargel.[7] Durchgängig jedoch handelte es sich um konventionell angebaute Erzeugnisse.

---

7 http://www.verbraucherzentrale-niedersachsen.de/pestizidrueckstaende

Ein deutlich brisanteres Thema ist der Einsatz von Antibiotika in der Tierhaltung. Dass die massenhafte Verabreichung in einem Zusammenhang zu den zunehmenden Resistenzen steht, was langfristig dazu führen wird, dass wir Menschen gegen bestimmte lebensgefährliche Keime keine wirksame Waffe mehr haben, gilt inzwischen als gesichert. Seit 2006 ist es in der EU verboten, Antibiotika prophylaktisch oder gar zur Leistungsförderung einzusetzen. Tatsächlich geht die Antibiotika-Menge in deutschen Ställen etwas zurück. Doch das auf hohem Niveau ... das nordrhein-westfälische Verbraucherschutzministerium hat dazu in den vergangenen Jahren erschreckende Zahlen geliefert: Demnach erhielten zum Beispiel 2013 92,8 Prozent aller Mastputen Antibiotika.[8] Der Grund dafür liegt auf der Hand: Wo viele Tiere auf engem Raum zusammenleben, muss gegen jegliche Krankheit schnell und massiv vorgegangen werden, sonst droht dem Mäster der Totalverlust ... Eigentlich schreibt der Gesetzgeber eine Wartefrist zwischen dem letzten Medikamenteneinsatz und der Vermarktung als Lebensmittel vor – die Frist soll sicherstellen, dass die Arzneimittel vollständig abgebaut sind. Dennoch findet sich bei Stichproben immer wieder mit Antibiotikarückständen belastetes Fleisch – einer der zahlreichen unappetitlichen Aspekte konventioneller Fleischerzeugung.

Gerade konventionelles Geflügelfleisch ist zudem oft mit antibiotikaresistenten Keimen belastet. Erst im September 2017 hat eine Anfrage der Bundestagsfraktion von Bündnis 90/ Die Grünen wieder ergeben, dass fast jede zweite Puten- und jede zehnte Hähnchenfleischprobe mit MRSA-Keimen belastet war – das sind jene berüchtigten Erreger, die für die gefährlichen Krankenhausinfektionen verantwortlich sind, weil kein

---

8   https://www.land.nrw/de/pressemitteilung/minister-remmel-einsatz-von-antibiotika-der-intensivtierhaltung-ist-alarmierend

Antibiotikum gegen sie wirkt. Bei der gleichen Anfrage kam heraus, dass zudem bei der Hälfte aller Proben ESBL-Bakterien nachweisbar waren, also weitere resistente Keime. Das Bundeslandwirtschaftsministerium empfiehlt, diese Lebensmittel vor dem Verzehr durchzugaren. Ich hingegen empfehle, solches Fleisch gar nicht erst in den Handel zu lassen!

In der ökologischen Erzeugung von tierischen Produkten ist der Einsatz von Antibiotika übrigens ebenfalls grundsätzlich erlaubt: bei Tieren, die tatsächlich krank sind – und das geht auch in Ordnung, alles andere wäre ein klarer Verstoß gegen das Gebot des Tierschutzes. Ein erkranktes Tier soll nicht unnötig leiden müssen und nach den Regeln der ärztlichen Kunst behandelt werden. Allerdings bewegt sich der Antibiotika-Einsatz gemäß der EU-Ökoverordnung in streng definierten Grenzen: Die gesetzliche Wartezeit ist hier doppelt so lang, nämlich mindestens 48 Stunden. Werden den Tieren in einem Jahr mehr als dreimal Antibiotika verabreicht, dürfen sie beziehungsweise ihre Produkte nicht mehr unter dem Begriff »Bio« vermarktet werden. Tiere, die nicht länger als ein Jahr leben, dürfen sogar nur maximal einmal im Leben mit Antibiotika behandelt werden.

Nachhaltiger wirtschaften

Ich drehe oft auf Bauernhöfen, bei konventionellen ebenso wie bei Ökobetrieben. Immer bin ich dort engagierten Landwirten begegnet, die ihre Arbeit mit Herzblut tun. Wobei sich natürlich der Schluss aufdrängt, dass es auch eher die positiven Repräsentanten ihrer Branche sind, die eine Kamera überhaupt hereinlassen ... Selbstverständlich gibt es konventionelle Landwirte, die schonend mit Natur und Ressourcen umgehen. Aber im Bio-Bereich findet dieser schonende Umgang institutionalisiert statt. Traditionelle Fruchtfolgen verhindern, dass die Böden ausgelaugt werden. Die Bio-Landwirtschaft setzt auf alte Sorten und Tierrassen, die womöglich weniger Ertrag versprechen, dafür aber robuster sind, weniger anfällig für Schädlinge oder Krankheiten. Deutsche Verbraucher lehnen genmanipulierte Lebensmittel ab – nur im Bio-Bereich können sie sicher sein, dass auch bei der Tierfütterung nichts dergleichen zum Einsatz kommt. Hier geht es nicht um Tierwellness oder um Luxusprodukte für verwöhnte Städter. Es geht vielmehr um die Frage, ob wir Raubbau an unseren Ressourcen betreiben wollen, mit allen Konsequenzen. Die Folgen der extremen Nitratbelastung durch Massentierhaltung und intensiven Ackerbau etwa spüren wir schon heute: In vielen Gegenden wird das Trinkwasser teurer, weil das Wasser erst gereinigt und aufbereitet werden muss.

Ich finde, dass es sich deshalb lohnt, zu ökologisch erzeugten Lebensmitteln zu greifen, wo immer es geht. Weil wir damit insgesamt eine andere Art Umgang mit unseren natürlichen Ressourcen unterstützen. Angefangen beim Tierwohl, beim Einsatz von Pestiziden, beim Umgang mit Antibiotika, beim Thema Gen-Food, beim Einsatz von Düngemitteln und den Folgen für unser Grundwasser. Viele der Probleme, die die moderne Landwirtschaft verursacht, haben mit Masse statt Klasse zu tun. Ein Landwirt, der keinen ordentlichen Preis für seine Erzeugnisse erzielen kann, muss das durch größere Mengen kompensieren. Das kann ein Teufelskreis werden ...

Wie gut ist Billig-Bio?

Deshalb ist es aus meiner Sicht zwar ein Schritt in die richtige Richtung, wenn 20 Prozent der Bio-Lebensmittel mittlerweile über Discounter bei der Kundschaft landen. Immerhin finden so Kundenschichten zu den Produkten ökologischer Landwirtschaft, die sonst vielleicht einfach irgendwas gekauft hätten. Dennoch ist es gut, sich die Unterschiede klar zu machen, die zwischen den einzelnen Bio-Siegeln bestehen. Grundsätzlich gibt es auf der einen Seite das EU-Bio-Siegel; ersatzweise wird in Deutschland auch oft noch das alte deutsche Bio-Siegel verwendet, weil das vielen deutschen Kunden vertrauter ist.[9] Die Kriterien sind in beiden Fällen die gleichen. Auf der Homepage des Bundeslandwirtschaftsministeriums sind die entsprechenden EU-Verordnungen verlinkt.[10] Daneben gibt es in Deutschland noch drei große Verbände mit eigenen Richtlinien, die meist strenger sind als die des staatlichen Siegels: Bioland, Naturland und Demeter.

Beim EU-Bio-Siegel müssen 95 Prozent der Zutaten biologischer Herkunft sein– die drei großen Verbände bestehen hingegen auf 100 Prozent. Das allerdings betrifft nur verarbeitete Produkte: In einer Bio-Tomate sind logischerweise auf jeden Fall 100 Prozent Bio-Tomate. Sonst unterscheiden sich die Siegel untereinander vor allem durch die Zulassung beziehungsweise Ablehnung bestimmter Zusatzstoffe, Düngemittel, Futtermittel und so weiter. Im Gegensatz zur EU-Ökolandbau-Richtlinie gestatten die Verbände beispielsweise den Zukauf von konventionellem Tierfutter und Dünger nur in geringsten Mengen und nur unter streng definierten Bedingungen. Sie lassen weniger Tiere und eine geringere Besatz-

---

9   Die Schweizer Bio-Verordnung ist etwas strenger als das EU-Bio-Siegel. Noch höher sind die Anforderungen beim Label Knospe Bio Suisse, die den deutschen Verbandssiegeln ähneln und zudem noch ein hohes Maß an Regionalität garantieren.

10   https://www.bmel.de/DE/Landwirtschaft/Nachhaltige-Landnutzung/Oekolandbau/_Texte/EG-Oeko-VerordnungFolgerecht.html

dichte pro Betrieb zu und im fertigen Produkt dürfen deutlich weniger Zusatzstoffe enthalten sein. Nur einen Teil des Bauernhofes auf Bio umzustellen ist hier nicht möglich – bei der EU-Bio-Zertifizierung schon.

Die drei großen Verbände haben keine Kooperationen mit Discountern, und auch in den herkömmlichen Supermärkten findet man sie seltener – weil sie eben durch die strengeren Regeln etwas teurer sind. Dafür gibt es bei diesen Siegeln aber zusätzlich zur staatlichen noch eine weitere Kontrollebene durch die Verbände selbst.

Tabelle 2: Vergleich Bio-Siegel[11]

		Bioland	Naturland	demeter
	staatlich	privat	privat	privat
Zahl der Mitglieder	---	ca. 5700	ca. 2600	ca. 1400
Kontroll-frequenz	1 × pro Jahr	1 × pro Jahr	1 × pro Jahr	1 × pro Jahr
Einsatz von Gentechnik	bis 5 %	nein	nein	nein

Da die Einkaufspolitik der großen Handelsketten vorrangig durch den Preis bestimmt wird, finden sich dort sehr viel häufiger Produkte, die weite Strecken zurückgelegt haben, gerade bei Obst und Gemüse. Das hebt dann die gute Tat, ein Bio-Gemüse oder Bio-Obst gekauft zu haben und damit einen Beitrag zu einer nachhaltigeren Landwirtschaft zu leisten,

---

11 Sehr viel ausführliche Informationen über die Bio-Siegel im Vergleich gibt es hier: http://www.asta.th-koeln.de/wp-content/uploads/2015/02/Biosiegel-Vergleich1.pdf Und detaillierte Kriterien für die Tierhaltung hier im Buch in den jeweiligen Kapiteln.

wieder auf. Ägyptische Kartoffeln etwa haben grundsätzlich eine schlechte Ökobilanz, weil der Anbau enorm viel Wasser verbraucht, und sie sind außerdem auch noch weit gereist. Wer braucht einen neuseeländischen Apfel im Herbst, wenn der Tisch auch bei uns zu Hause reich gedeckt ist?

Bio – die Einladung zum Betrug?

Natürlich gibt es Skandale. Aber es ist gut, dass wir von denen wissen – immerhin werden sie entdeckt. Weil die Kontrollen im Großen und Ganzen funktionieren. Oft stürzt sich die Presse allerdings auch mit besagtem Eifer auf Bio-Lebensmittel: Als Ende 2010 3000 Tonnen dioxinbelastetes Tierfutterfett in Umlauf kommen und weit über tausend landwirtschaftliche Betriebe in Deutschland gesperrt werden, ist dies vor allem ein Skandal, der konventionelle Tierhalter betrifft. Doch in der Berichterstattung kommt immer explizit die Handvoll betroffener Bio-Betriebe vor – insoweit zu Recht, weil transparente Information gerade bei hochpreisigen Lebensmitteln besonders wichtig ist. Aber wenn daraus der Eindruck entsteht, dass Bio doch eh nur Lug und Trug ist, ist das falsch. Wer anständig einkaufen will, kommt um ökologischen Landbau eigentlich nicht herum: Dort sind die Regeln strenger, dort wird konsequenter kontrolliert. Ich habe oft den Eindruck, dass die Lust am Bio-Bashing das eigene Gewissen beruhigen soll: Wer festgestellt hat, dass das eh alles Betrüger sind, kann anschließend wieder unbeschwert Schnäppchenshopping im Discounter betreiben.

Die Hartz-IV-Keule

Oft wird in Diskussionen um nachhaltige und ökologische Produkte auch die Sozialkeule geschwungen: Schön, dass ihr euch ein gutes Gewissen leisten könnt!, heißt es dann. Aber wer seinen Lebensunterhalt mit wenig Geld bestreiten muss, oder vielleicht vom Hartz-IV-Satz leben muss, der hat doch gar nicht die Wahl, der muss billig einkaufen, lautet das Argument weiter.

Auch zwischen Tim Mälzer und mir ist das eine oft geführte Diskussion. Bis wir beschließen, das schlicht mal auszuprobieren. Im Frühjahr 2017 steht die Versuchsanordnung: Der Fernsehkoch ist zu Gast bei einer fünfköpfigen Hamburger Familie. Vater, Mutter und drei halbwüchsige Söhne werden eine Woche lang testen, ob sie sich mit dem Lebensmittelbudget, das einer Familie von Hartz-IV-Empfängern zusteht, ausschließlich von Bio-Produkten ernähren können. Beim ersten gemeinsamen Einkaufen wird schnell klar, welche Faktoren zum Erfolg führen können: Das Obst und Gemüse muss gerade Saison haben, Fertiggerichte sind unbezahlbar und deshalb tabu, der Fleischanteil muss etwas heruntergefahren werden, und dafür kommen mehr Kartoffeln und Nudeln auf den Tisch.

Tatsächlich kocht Mutter Inga in dieser Woche so, wie beispielsweise auch ein Gastronom kochen würde – auch im Restaurant ist Fleisch die teuerste Zutat! Die Hausfrau staunt, um wie viel kleiner die Hackfleischportion sein kann – und das Chili con Carne schmeckt trotzdem noch gut. Nach sieben Testtagen zieht Tim Bilanz und trifft drei gut gelaunte Jungs an, die die ganze Woche satt geworden sind und nichts vermisst haben. Und es sind sogar noch sechs Euro übrig geblieben.[12]

Ein gutes Gewissen beim Einkaufen ist also keine Frage des Geldbeutels. Es ist eine Frage des gesunden Menschenverstan-

---

12 Die Rezepte des Experiments finden sich auf der Homepage der ARD-Sendung »Lebensmittelcheck« mit Tim Mälzer vom 11.12.2017: http://www.daserste.de/information/ratgeber-service/lebensmittelcheck/sendung/wie-gut-ist-unser-essen-folge-2-lebensmittel-preise100.html

des. Weil nachhaltiges Einkaufen langfristig allen hilft. Unsere Testfamilie war übrigens ganz bewusst nicht auf Schnäppchenjagd. Das Gemüse und das Fleisch kauften sie auf einem Bauernmarkt – und nicht im Discounter, wo sehr viel schlechter nachvollziehbar ist, woher die Bio-Lebensmittel stammen. Wenn wir uns bewusster ernähren möchten, müssen wir uns in der Tat etwas mehr Gedanken darüber machen, was gerade Saison hat, wie weit die Lebensmittel gereist sind und welchen Rucksack die einzelnen Produkte mit sich tragen. Aber dafür gehen wir mit dem guten Gewissen nach Hause, dass nicht jemand anderes den wahren Preis für unseren Schnäppcheneinkauf bezahlen muss.

Teil 2: Eier, Fleisch und Milch – das Tierschutzdilemma

Sobald wir tierische Produkte konsumieren, werden die Schattenseiten unserer billigen Lebensmittel besonders offensichtlich. Kein Wunder, dass die Zahl der Veganer in Deutschland laufend steigt – immer mehr Verbraucher haben verständlicherweise Skrupel, Teil eines Systems zu sein, in dem mit Billigung des Gesetzgebers massiv gegen Tierschutzregeln verstoßen wird, obwohl der Tierschutz bei uns sogar Verfassungsrang hat.[13]

Vor einigen Jahren war ich mit meinen Kindern in Georgien. Auf einer Landstraße in den georgischen Bergen überholten wir irgendwann ein paar Kühe. »Schau mal, die Armen!«, rief mein Sohn, weil die Tiere so dünn waren. Für ihn ein völlig ungewohntes Bild, doch eigentlich ist es ganz normal: Diese Kühe waren so, wie sie von der Natur geschaffen worden waren. Kühe sind Bergbewohner, die auch mit steilen Wiesen ohne Weiteres klarkommen. Sie fressen Gras und werden davon problemlos satt. Sie säugen ihre Kälber und geben außerdem auch noch Milch. Allerdings eben nicht die enormen Mengen, die eine europäische Hochleistungskuh schafft. Die Turbokuh würde auf einer Bergwiese verhungern – für ihren überzüchteten Stoffwechsel benötigt sie industriell optimiertes Kraftfutter.

Bei Milch und Fleisch wird besonders viel Etikettenschwindel betrieben. Industrie und Handel scheinen zu ahnen, dass

---

13 Auch in der Schweiz ist der Tierschutz in der Bundesverfassung verankert, in Österreich seit 2013 ebenfalls.

sich ihre Erzeugnisse nicht so gut verkaufen würden, selbst zu niedrigen Preisen, wenn sie offen kommunizieren würden, wie die Produkte tatsächlich entstehen. Deshalb finden wir auf den Verpackungen oft eine grüne Wiese oder einen idyllischen Gutshof mit Fachwerkfassade. Das Wort »Hof« taucht überdurchschnittlich oft im Markennamen auf. Dass die Wirklichkeit anders aussieht, ist den meisten Kunden klar, lässt sich aber dank dieses Marketings ganz gut verdrängen. Doch viel zu oft haben wir Kunden auch gar nicht wirklich die Möglichkeit, zu entscheiden, was wir kaufen, weil wir bewusst im Unklaren gelassen oder gar getäuscht werden.

Trotzdem ist es möglich, mit gutem Gewissen Salami zu essen oder Milchkaffee zu trinken. Allerdings macht das etwas Mühe ...

3. Henne und Ei

Wir Verbraucher haben viel mehr Macht, als uns zuweilen bewusst ist. Besonders eindrucksvoll lässt sich das am Beispiel eines Produktes zeigen, das auf kaum einem deutschen Frühstückstisch fehlen darf: dem Ei. Im Schnitt hat 2016 jeder Deutsche 235 Eier gegessen, mehr als jemals zuvor.

Seit 2004 gibt es eine EU-Verordnung,[14] die regelt, wie Eier gekennzeichnet werden müssen. Seitdem muss jedes Ei, das in der EU vermarktet wird, einzeln beschriftet sein. Anhand einer Nummer kann der Kunde genau sehen, wo unter welchen Bedingungen das Ei gelegt wurde. Diese Regelung führte zu einer Revolution: Binnen kurzer Zeit verschwanden Eier aus Legebatterien aus dem Angebot! Und nicht etwa, weil ihr Verkauf verboten worden wäre: Das war in Deutschland erst ab 2010 und EU-weit ab 2012 der Fall.

Die großen Supermarktketten listeten Käfigeier vielmehr deshalb aus, weil sie plötzlich wie Blei in den Regalen lagen. Sobald wir als Kunden ein transparentes System zur Verfügung hatten und damit direkt entscheiden konnten, fiel diese Entscheidung sehr eindeutig aus: keine Eier aus Legebatterien! 2004 kamen Käfigeier bei uns in Deutschland noch auf einen Marktanteil von rund 53 Prozent. Heute ist mehr als jedes zehnte lose verkaufte Ei in Deutschland ein Bio-Ei und immerhin jedes vierte Ei stammt von Freilandhühnern.[15]

Also alles super beim Ei? Nicht ganz: Denn leider gilt diese kundenfreundliche Kennzeichnungsregelung nur für frische Eier. Sobald das Ei verarbeitet wird, endet die Transparenz. Ob die Eier für mein Stück Käsekuchen aus der Bä-

---

14 http://eur-lex.europa.eu/legal-content/DE/TXT/PDF/?uri=uriserv:OJ.L_.2008.163.01.0006.01.
    DEU

15 https://www.lfl.bayern.de/mam/cms07/iem/dateien/12_eier_und_gefl%C3%BCgel__
    by_.pdf, S. 259

ckerei oder für die Eiernudeln zum Mittagessen nun aus einer rumänischen Legebatterie oder von einer grünen Wiese stammen, kann ich als Verbraucher nicht wissen. Schon wenn ein Ei gefärbt als Osterei in den Handel kommt, muss die Herkunft nicht mehr verzeichnet werden. Einige Hersteller geben mittlerweile trotzdem auf der Verpackung an, welche Eier sie verwenden, aber diese Information ist freiwillig.[16]

Aber was genau bedeuten eigentlich Begriffe wie »Freiland« oder »Klasse A«? Worauf kann ich als Kunde achten, wenn ich gerne Eier von zufriedenen Hühnern essen möchte?

Warenkunde Ei

Eier werden in zwei Arten Handelsklassen aufgeteilt, die sogenannten Güteklassen, gekennzeichnet durch Buchstaben, und die Gewichtsklassen, definiert durch die internationale Größenklassifizierung von S bis XL.

Klasse A

Die Schale und die Cuticula müssen sauber und unbeschädigt sein und eine normale Form haben. Die Cuticula ist die Schutzhülle um die Schale, ihretwegen sind Eier selbst ungekühlt so gut haltbar. Um sie intakt zu halten, dürfen Eier in der EU weder vor noch nach dem Sortieren gewaschen werden.
Die Luftkammer im Ei muss unbeweglich und darf höchstens sechs Millimeter hoch sein. Der Eidotter darf bei Durchleuchtung nur schattenhaft sichtbar sein und muss auch bei Drehung des Eis zentral bleiben, das Eiklar muss klar und durchsichtig sein. Nicht zulässig sind auch Fremdgeruch, fremde Ein- und Auflagerungen oder ein sichtbarer Keim.

---

16 Die Albert-Schweitzer-Stiftung listet auf ihrer Webseite Firmen auf, die auf die Verwendung von Käfigeiern verzichten. Dort steht auch, was zum Einsatz kommt: Bodenhaltungs-, Freiland- oder Bio-Eier: https://albert-schweitzer-stiftung.de/kampagnen/kaefigfrei

Die Eier, die wir im Supermarkt kaufen, sind fast ausnahmslos Eier der Klasse A. Der Zusatz »Extra« oder »Extra frisch« kennzeichnet Eier bis zum siebten Tag nach dem Verpacken beziehungsweise neunten Tag nach dem Legen.

Klasse B

Alle Eier, die diesen Kriterien nicht genügen, werden in die Klasse B eingestuft. Auf der Homepage des brandenburgischen Landwirtschaftsministeriums findet sich ein lustiger Satz dazu, was mit diesen Eiern geschieht: »Eier der Klasse B sind sogenannte Industrieeier, die nicht in den Handel gelangen.« Lustig deshalb, weil sie natürlich sehr wohl in den Handel gelangen: verarbeitet in Fertiggerichten und Industriebackwaren! B-Eier müssen nicht nur auf der Verpackung, sondern auch direkt auf dem Ei gekennzeichnet sein: mit dem Buchstaben B in einem Kreis oder einem farbigen Punkt von mindestens fünf Millimetern Durchmesser.

Bei den Gewichtsklassen gibt es vier Kategorien. Sie sind vor allem für Hobbybäckerinnen und -bäcker relevant:

S oder klein: unter 53 Gramm
M oder mittel: 53 bis unter 63 Gramm
L oder groß: 63 bis unter 73 Gramm
XL oder extra groß: über 73 Gramm[17]

Die Angabe des Legedatums ist freiwillig. Wenn es angegeben ist, muss es auf der Verpackung und dem Ei aufgedruckt sein. Bei Eiern der Klassen »Extra« oder »Extra frisch« ist die Angabe des Legedatums Pflicht.

---

17 http://eur-lex.europa.eu/legal-content/DE/TXT/PDF/?uri=uriserv:OJ.L_.2008.163.01.0006.01.
DEU

Wie geht es meiner Eier-Produzentin?

In der Generation meiner Großeltern hatten viele Menschen entweder selbst Hühner zu Hause oder kannten zumindest jemanden, der Hühner hielt. Selbst in Städten waren Gehege im Hinterhof mit ein paar Hühnern keine Seltenheit. Der Spitzname »Mistkratzer« illustriert, wie der Alltag dieser Tiere damals aussah: Hühner bevölkerten die Freiflächen rund um Bauernhöfe, spazierten durch Dörfer und legten ab und zu ein Ei.

Das Wildhuhn brachte es einst auf zwanzig bis sechzig Eier pro Jahr. Die robusten, freilaufenden Landhühner unserer Großeltern schafften jährlich bereits um die 180 Eier. Ein modernes Hochleistungshuhn kommt hingegen auf die eindrucksvolle Jahresleistung von bis zu 320 Eiern.[18] Diese enorme Steigerung hat viel mit Genetik zu tun: Moderne Legehennenrassen sind gezielt darauf hingezüchtet, dass möglichst viel von der Energie aus dem Futter in die Eierproduktion fließt. Darum sind diese Hühner vergleichsweise dünn. Für die männlichen Sprösslinge dieser Zuchtlinien hat das drastische Konsequenzen: Einen Hahn zu mästen, der kaum Fleisch ansetzt, ist nicht wirtschaftlich. Und so werden männliche Küken aus der Legehennenzucht direkt vergast oder geschreddert. Das betrifft in Deutschland pro Jahr die stolze Zahl von 45 Millionen kleinen Hähnchen. An der Uni Leipzig arbeiten Forscher an einer Methode, schon im Ei das Geschlecht bestimmen zu können. Wenn diese Methode serienreif wird, kann man ganz gezielt nur noch Legehennen ausbrüten und die Hähne schon im Ei-Stadium entsorgen, etwa als Tierfutter. So oder so kein schöner Gedanke – sehr weit weg vom lustigen Mistkratzer aus dem Bilderbuch.

---

18 Pro Vieh-Infobroschüre: »… und täglich ein Ei?«

Aber zurück zur Legehenne. Die EU-Verordnung zur Vermarktung von Eiern schreibt vor, dass jedes Ei mit einem gut lesbaren Erzeugercode gekennzeichnet sein muss. Dieser Code verrät dem Käufer schon eine ganze Menge über die Umstände, unter denen dieses Ei gelegt wurde:

Die Zahl ganz vorne gibt Auskunft darüber, wie die Legehenne gehalten wurde:

0 – Eier aus Bio-Haltung

Hier dürfen im Stall höchstens sechs Tiere pro Quadratmeter leben. Ihr Stall ist mit Sitzstangen ausgestattet, mit einer Länge von mindestens 18 Zentimetern pro Tier. Wenigstens auf einem Drittel der Fläche sind Stroh, Holzspäne oder Sand eingestreut. Außerdem stehen jeder Henne mindestens vier Quadratmeter Auslauf zur Verfügung. Die Tiere erhalten ausschließlich Futter aus ökologischem Landbau.

Noch mehr Platz haben Legehennen übrigens, wenn auf der Packung das Siegel des Bio-Verbandes Demeter prangt: Da sind sogar nur 4,4 Hennen pro Quadratmeter Stallfläche erlaubt.

1 – Eier aus Freilandhaltung

Hier geht es schon enger zu: Neun Tiere pro Quadratmeter im Stall sind zulässig. Dieser muss ebenfalls Sitzstangen haben und zu einem Drittel eingestreut sein. Außerdem haben die

Hennen tagsüber Auslauf im Freien, wie beim Bio-Ei müssen auch hier jeder Henne mindestens vier Quadratmeter zur Verfügung stehen.

2 – Eier aus Bodenhaltung

Wie bei der Freilandhaltung dürfen neun Tiere pro Quadratmeter Bodenfläche gehalten werden, allerdings bekommen diese Hennen keinen Auslauf. Sie leben in einem geschlossenen Stall. Es gibt Nester auf mehreren Etagen, wo die Hennen ihre Eier ablegen können. Auch hier ist mindestens ein Drittel des Stalls eingestreut, damit die Tiere am Boden scharren können.

3 – Eier aus Käfighaltung

Jetzt wird es richtig eng: Pro Quadratmeter dürfen 13,33 Hennen gehalten werden – umgerechnet bedeutet das, dass einem Huhn 0,075 Quadratmeter Käfigfläche zustehen. Das ist ein bisschen mehr als ein DIN-A4-Blatt. Seit 2012 dürfen in der gesamten EU Legehennen nur noch in sogenannten ausgestalteten Käfigen gehalten werden, mit einem Legenest, Einstreu und Sitzstangen. Die Käfige müssen mindestens 50 Zentimeter hoch sein. Eine ausgewachsene Henne ist 30 bis 40 Zentimeter groß – viel Platz zum Strecken bleibt da nicht...[19]

Damit ist der Alltag eines Käfighuhns heute zwar deutlich besser, als er es zu Zeiten der Legebatterien war. Heutzutage leben die Hühner der Kategorie 3 in sogenannten Kleingruppen oder Kleinvolieren. Klingt hübsch, ist aber kaum weniger eng als die berüchtigte Legebatterie. Auch hier stehen die Tiere

---

19 https://www.bmel.de/DE/Tier/Nutztierhaltung/_texte/HaltungLegehennen-Bioeier_FAQ_Tierschutz.html

auf Drahtgittern, damit ihr Kot durch die Öffnungen fällt – das spart die Zeit fürs Ausmisten. Was so liebevoll mit »Legenest« umschrieben wird, ist in der Regel eine Gummimatte auf dem Drahtrost, mit einem Plastikvorhang als Sichtschutz. Das Bundesverfassungsgericht hat schon im Oktober 2010 entschieden, dass die Haltung von Hennen in solchen Kleingruppen-Käfigen verfassungswidrig ist.[20] Der Bundesrat hat infolgedessen am 6. November 2016 beschlossen, auch diese modifizierte Form der Käfighaltung von Legehennen künftig zu verbieten, allerdings mit sehr großzügigen Auslauffristen: Bestehende Betriebe dürfen bis 2025 so weitermachen, in »besonderen Härtefällen« sogar bis 2028. Der Härtefall, wohlgemerkt, ist hier der Betreiber, nicht das geschundene Huhn …

Aber immerhin: Die Diskussionen in der Öffentlichkeit, die Reaktion der Justiz und des Gesetzgebers, nicht zuletzt aber unser Verhalten als Verbraucher haben etwas bewegt. 2008 lebten laut Statistischem Bundesamt noch rund 60 Prozent der konventionellen Legehennen im Käfig, 2016 waren es nur noch etwa 12 Prozent.

Weiter geht es mit der Beschriftung auf dem Ei: Die folgenden Buchstaben geben Auskunft über das Herkunftsland. Und hier kann man in die erste Falle tappen: Ausschlaggebend ist nämlich nur das, was direkt auf dem Ei steht. Wurden die Eier etwa in Rumänien gelegt, aber in Österreich verpackt, dann darf auf der Verpackung »A« für Österreich stehen. Beim Blick in den Eierkarton lohnt es sich also nicht nur, zu prüfen, ob die Eier unzerbrochen sind, sondern auch, wo sie tatsächlich erzeugt wurden.

Die nächsten beiden Zahlen zeigen, aus welchem Bundesland mein Frühstücksei stammt. Für Deutschland ist das folgende Zahlenkennung:

---

20 https://bauernhahn.de/kleingruppenhaltung

01 = Schleswig-Holstein
02 = Hamburg
03 = Niedersachsen
04 = Bremen
05 = Nordrhein-Westfalen
06 = Hessen
07 = Rheinland-Pfalz
08 = Baden-Württemberg
09 = Bayern
10 = Saarland
11 = Berlin
12 = Brandenburg
13 = Mecklenburg-Vorpommern
14 = Sachsen
15 = Sachsen-Anhalt
16 = Thüringen

Die restlichen Ziffern bezeichnen den Betrieb.[21] Auf der Seite des Vereins für kontrollierte alternative Tierhaltungsformen lassen sich registrierte Betriebe nachschlagen.[22] Zumindest bei frisch verkauften Eiern lässt sich also jedes einzelne Ei ganz genau zurückverfolgen.

Die Grenzen der Kennzeichnung

Wer aber wirklich guten Gewissens zugreifen möchte, muss doch noch selbst aktiv werden. Denn die Qualität der Haltung wird auch durch die Herdengröße bestimmt. Hühner sind soziale Vögel und haben ein natürliches Bedürfnis nach

---

21 In Österreich folgt auf die Landeskennung direkt die Betriebsnummer, nachzuschlagen unter http://www.statistik.at/ovis/pdf/X30.pdf

22 https://www.was-steht-auf-dem-ei.de/index.php

Hierarchien – die oft beschworene »Hackordnung«. Damit die Hackordnung funktioniert, darf die Gruppe nicht zu groß werden, sonst sind die Hühner gestresst und werden verhaltensauffällig. In einer Gruppe bis zu hundert Hennen kann das einzelne Huhn den Überblick behalten, die Hackordnung ist stabil, jedes Tier kennt seinen Platz.

In der gewerblichen Boden- und Freilandhaltung umfassen Herden aber oft mehrere tausend Tiere. Dadurch gibt es ständig Rangkämpfe – das bedeutet sozialen Stress, der zu Verhaltensstörungen führt. Die Vögel zupfen mit dem Schnabel am Gefieder anderer Hühner. Wenn es dabei zu offenen Wunden kommt, fressen die Tiere sich sogar gegenseitig an. Um diesem Kannibalismus vorzubeugen, wurde den kleinen Küken lange Zeit die hoch sensible Schnabelspitze mit einem heißen Draht oder einem Laserstrahl abgetrennt, das sogenannte Kupieren. Laut Deutschem Tierschutzgesetz ist das eigentlich verboten – Paragraf 6 des deutschen Tierschutzgesetzes erlaubt diese Art der Amputation jedoch, wenn der Halter glaubhaft nachweisen kann, dass andernfalls größerer Schaden droht. Und so war die Ausnahme meist die Regel und das Schnabelkürzen – außer bei Bio-Hennen – der Standardfall.

Auch hier führte der Druck von Tierschützern und von Verbrauchern zum Erfolg: Zunächst verboten die Landwirtschaftsminister von Niedersachsen und Mecklenburg-Vorpommern zum 31. Dezember 2016 diese Praxis, dann zog der schon erwähnte Verein für kontrollierte alternative Tierhaltungsformen, ohne dessen Zertifizierung kaum ein loses Ei in Deutschland in den Handel kommt, nach und gab eine freiwillige Selbstverpflichtung ab: Ab Jahresbeginn 2017 sollen keine kupierten Küken mehr eingestallt werden. Das bedeutet im Nachgang, dass die Betreiber von Hühnerfarmen die Haltungsbedingungen ändern müssen: mehr Beschäftigungsmöglichkeiten, mehr Platz, kleinere Gruppen. Am besten funktioniert die Legehennenhaltung in mobilen Ställen mit

Herden von maximal 1200 Hennen, die regelmäßig versetzt werden – so haben die Tiere immer frisches Grün zum Picken. Wichtig sind auch Unterschlupfmöglichkeiten – Hühner fürchten Greifvögel. Besteht der Auslauf aus einer komplett offenen Fläche, dann vermeiden sie den Aufenthalt im Freien.

Noch tiergerechter sind Eier aus sogenannter Brudertierhaltung: Hier werden die männlichen Küken nicht getötet, sondern trotz höherer Kosten und längerer Mastdauer als Schlachtgeflügel aufgezogen. Überzeugte Veganer wird das nicht trösten – am Ende steht auch hier die Schlachtung. Aber die Küken werden zumindest nicht sinnlos geschreddert.

Tabelle 3: Haltungsbedingungen für Legehennen

	Besatzdichte	Ausstattung des Stalls
Konventionelle Haltung	10 Hennen/m²	mindestens 1/3 Scharrraum, 15 cm Sitzstange/Henne
EU-Bio-Siegel	6 Hennen/m²	mindestens 1/3 Scharrraum, 18 cm Sitzstange/Henne
Bioland	6 Hennen/m²	mindestens 1/3 Scharrraum, 18 cm Sitzstange/Henne
Naturland	6 Hennen/m²	mindestens 1/3 Scharrraum, 18 cm Sitzstange/Henne
Demeter	6 Hennen/m²	mindestens 1/3 Scharrraum, 18 cm Sitzstange/Henne

Doch alle diese Maßnahmen, die die Eiererzeugung tierfreundlicher gestalten, kosten Geld und erhöhen die Preise.
Selbst bei Bio-Eiern ist all das nicht vorgeschrieben: Maximal
dürfen auf Bio-Höfen 3000 Legehennen in einem zusammenhängenden Stall leben. Nun kann aber gemäß diesen Regeln
ein Gebäude mehrere Ställe umfassen: Während Naturland
sogar 12 000 Legehennen pro Gebäude zulässt, begrenzt Bioland diese Zahl auf 6000. Nur bei Demeter ist 3000 auch bei
einem Gebäude die Obergrenze. Immer wieder machen Betriebe Schlagzeilen, die ihre Kosten zulasten der Tiere senken:
etwa Niederländische Bio-Erzeuger, die ihre Freilandhühner

Freifläche	Maximale Betriebsgröße	Maximale Kapazität	Schnabelkürzen
---	---	6000 Hennen/ Stall	freiwilliger Verzicht seit 2017
4 m²/Henne	---	3000 Hennen/ Stall	nicht zulässig
4 m²/Henne	1600 m² Stallfläche – das entspricht 9600 Hennen.	3000 Hennen/ Stall 6000 Hennen/ Gebäude	nicht zulässig
4 m²/Henne	---	3000 Hennen/ Stall	nicht zulässig
4 m²/Henne mit schützenden Strukturen wie Bäumen, Büschen oder Unterständen, Schlechtwetterauslauf	150 Meter Abstand zwischen den einzelnen Ställen	3000 Hennen/ Stall pro 50 Legehennen 1 Hahn	nicht zulässig

mit Stacheln und Stromschlägen davon abhalten, ins Freie zu kommen und dort beim Herumlaufen Kalorien zu verbrauchen.

Meine Wahl als Verbraucher

Einen hundertprozentigen Schutz vor schwarzen Schafen gibt es nicht. Und leider schützen unsere Gesetze oft eher die Hersteller als uns Kunden. Aber im Zeitalter des Internets haben wir durchaus die Möglichkeit herauszufinden, was wir da kaufen. Nicht nur in Bio-Läden hängen oft Informationen über die Herkunftshöfe. In meinem Käsegeschäft zum Beispiel wird auch der Hof, von dem die konventionellen Freilandeier stammen, mit Fotos der Ställe und Hühner und einer Webseite vorgestellt. Viele Bauern verkaufen ihre Produkte – gerade auch Eier – auf Wochen- und Bauernmärkten. So kommen auch Städter an Ware direkt vom Erzeuger und können persönlich nachfragen.

Ich glaube, dass es sich lohnt, gemeinsam für mehr Transparenz zu kämpfen und jene zu belohnen, die diese Transparenz freiwillig leben. Wer Aldi, Lidl und Co beliefern möchte, muss in der Regel so große Mengen zuverlässig liefern, zu so niedrigen Preisen, dass das zwangsläufig Kompromisse bedeutet. Das heißt nicht automatisch, dass alle diese Höfe tricksen oder täuschen. Aber die Wahrscheinlichkeit, dass es dem Huhn, das meine Eier legt, gut geht, ist bei einem Ei mit Demetersiegel aus einem kleinbäuerlichen Betrieb einfach höher als bei einem Billig-Bio-Ei vom Discounter.

Ich habe als Journalistin das Privileg, regelmäßig hinter die Kulissen der Lebensmittelproduktion blicken zu dürfen. Aber Sie als Verbraucher können das bis zu einem gewissen Grad auch. Seien Sie neugierig! Fragen Sie nach! Kaufen Sie Produkte aus der Region, bei denen die Herkunft entsprechend klar ist. Integrieren Sie vielleicht sogar Hofbesuche in Ihre sonntägliche Ausflugsplanung. Gehen Sie den Erzeugern und dem Handel mit Ihren Fragen ruhig auf die Nerven – Sie haben ein Recht darauf zu wissen, was Sie da eigentlich kaufen und essen!

Checkliste für mündige Eieresser[*]

▶ Durchschnittlich zehn frische Eier essen wir Deutsche pro Monat. Wenn wir nur noch Bio-Eier von Zweinutzungshühnern essen würden statt Billigeier aus dem Discounter, müssten wir also nur etwa vier Euro mehr im Monat ausgeben. Das ist der Preis eines mittleren Cappuccinos bei Starbucks.

▶ Glückliche Hühner leben in kleineren Herden. Kaufen Sie Eier aus Betrieben, die detailliert über ihre Haltungsbedingungen Auskunft geben. Auch ein konventioneller Freilandbetrieb kann seine Tiere im Prinzip ordentlich halten. Am besten ist die Haltung in mobilen Ställen, die regelmäßig versetzt werden.

▶ Wer nicht so viel recherchieren mag: Bio-Hühner leben meist komfortabler. Auch die Wahl der Einkaufsquelle macht einen Unterschied: Im konventionellen Lebensmittelhandel herrscht extremer Preisdruck, der in der Regel an die Produzenten weitergegeben wird. Das gilt dort auch im Bio-Bereich. Unter den Bio-Siegeln hat Demeter grundsätzlich die strengsten Tierschutzauflagen.

▶ Achten Sie darauf, ob Aufdruck auf Schachtel und Ei übereinstimmen – in einem rheinländischen Karton können auch Eier aus einem niederländischen Betrieb liegen. Das spricht dann eher für Massenerzeugung.

[*] Alle Checklisten sind unter www.herder.de/extras/downloadbar.

- ► 28 Tage beträgt die Mindesthaltbarkeit von Eiern. Ab zehn Tagen vor Ablauf müssen sie gekühlt werden.
- ► Eier sollten keinesfalls gewaschen werden, wenn man sie noch lagern möchte. Wird die Außenhaut verletzt, können Keime ins Innere gelangen. Der Industrie ist es deshalb sogar verboten, Eier zu waschen.
- ► Frische erkennen Sie zum Beispiel durch Schütteln. Wenn es innen schlackert, ist das Ei nicht mehr so frisch.
- ► Eier erst wegwerfen, wenn sie stinken. Nach Ablauf der Mindesthaltbarkeit aber in jedem Fall durcherhitzen.
- ► Ohne Schale lassen sich Eier sogar einfrieren. Mit einer kleinen Prise Salz verrührt und in einer Plastikbox halten sie sich im Gefrierschrank bis zu 18 Monate.

4. Die Milch von glücklichen Kühen

Trotz aller Diskussionen rund um laktosefreie Produkte und Milchersatz: Lebensmittel aus Milch haben einen festen Platz auf unserem Speiseplan, und das sogar mit steigender Tendenz. An einem typischen Tag verzehrt ein deutscher Durchschnittskonsument 250 Milliliter Frischmilch, 67 Gramm Käse und 16,5 Gramm Butter.[23] In Österreich und in der Schweiz sind die Zahlen ähnlich. Milchprodukte sind unser wichtigster Kalziumlieferant, eine zentrale Eiweißquelle und enthalten zudem viele Vitamine, Spurenelemente und ernährungsphysiologisch wertvolle Fettsäuren.

Bevor ich meinen ersten Film über die Milchwirtschaft gemacht habe, war ich immer davon ausgegangen, dass zumindest frische Milch ein regional gehandeltes Produkt sein *muss* – wegen der Verderblichkeit. Das war ein Irrtum: Fast nirgends klaffen bei einem Lebensmittel Werbung und Wirklichkeit so weit auseinander wie bei der Milch. Wer uns Verbrauchern Milchprodukte verkaufen möchte, druckt saftige grüne Wiesen auf Verpackungen und lässt in der Werbung freundliche Kühe mit Glocken um den Hals durch malerische Gebirgslandschaften streifen. Schlagworte wie »Alpenmilch« oder »Weidehaltung« sollen ebenfalls genau diese Bilder vor unserem inneren Augen entstehen lassen. Gleichzeitig hat die große Milchkrise im Sommer 2016 – als der Liter Vollmilch beim Discounter zeitweise deutlich weniger gekostet hat als ein Liter Mineralwasser! – eindrucksvoll vorgeführt, dass diese Bilder eigentlich nicht stimmen können.

Besonders ärgerlich ist in diesem Zusammenhang, dass wir Kunden kaum eine Chance haben, bei Erzeugnissen aus Milch herauszufinden, was genau wir da eigentlich kaufen. Denn gerade bei Milchprodukten lässt der Gesetzgeber uns

---

23 ZMB Zentrale Milchmarkt Berichterstattung GmbH, Juli 2016.

weitgehend alleine. Anders als bei Eiern gibt es keine wirklich transparente Kennzeichnungspflicht für die Herkunft oder die Produktionsweise von Milchprodukten, stattdessen aber staatlich legitimierten Etikettenschwindel.

Warum ist Milch so billig?

Wie unglaublich billig dieses zentrale Lebensmittel mittlerweile ist, zeigt sich, wenn man den Preis in Relation zum Arbeitslohn setzt: 1960 hätte ein Arbeiter für einen Liter Milch noch elf Minuten malochen müssen. Heute sind es nur noch zwei Minuten. Noch drastischer ist der Preisverfall bei Butter: Die kostet heute umgerechnet in Euro weniger als 1950, während sich die Löhne in dieser Zeit verachtfacht haben.[24] Das funktioniert, weil ein moderner Bauernhof ganz anders arbeitet als zu Großmutters Zeiten.

Ich bin in Süddeutschland aufgewachsen. Als ich ein kleines Mädchen war, gehörten Kühe auf der Straße zum Alltag: Immer morgens und abends war die Dorfstraße dicht; hinterher legten Kuhfladen auf dem Asphalt Zeugnis ab von der Prozession durch den Ort. Für diese Art Weidegang benötigt der Bauer allerdings Zeit und Personal. Die vielen Nebenerwerbsbauern, gerade in Bayern oder Baden-Württemberg, können das heute nicht mehr leisten. Nur wer sein Weideland zufällig direkt neben dem Stall hat, kann die Kühe problemlos nach draußen lassen. Gerade in Dörfern, die vom Tourismus leben, ist zudem die Toleranz für Rindviecher als Verkehrsteilnehmer und für ihre stinkenden Hinterlassenschaften beim Dorfspaziergang stark gesunken: Kühe im Landschaftsbild kommen super, Mist am neuen Trekking-

---

24 Diese Angaben beruhen auf Zahlen des Instituts der Deutschen Wirtschaft, Köln, und des Landvolks Niedersachsen.

schuh deutlich weniger... Deshalb stehen in Deutschland mehr als die Hälfte der Milchkühe ganzjährig im Stall. Mindestens jede vierte Kuh in Deutschland lebt in sogenannter Anbindehaltung – das bedeutet, sie ist fixiert, gerade in kleinen Betrieben oft an 365 Tagen im Jahr.[25]

Aber auch im Stall hat sich einiges geändert: Dort standen und lagen die Kühe früher auf Stroh. Stroh bedeutet jedoch Mist, und Mist bedeutet ausmisten – wie beim Weidegang erfordert auch das Zeit und Personal... wieder ein Kostenfaktor. Deshalb haben moderne Ställe sogenannte Vollspaltenböden. Dort treten die Kühe ihre Exkremente selbst durch die Ritzen des Bodens in die Mistgrube. Das ist nicht besonders gesund für die Gelenke der schweren Tiere, spart aber Zeit und damit Geld. Gemolken wird heutzutage automatisch, immer öfter sogar von Robotern. So kann inzwischen ein einzelner Bauer ohne Hilfskräfte einen Stall mit hundert Kühen bewirtschaften.

Tatsächlich ist groß nicht unbedingt schlecht: Gerade die großen Betriebe haben oft helle, luftige Laufställe, die das Fehlen des Weidegangs zumindest teilweise kompensieren. Auch Mistroboter, die den Stall automatisch säubern, lohnen sich erst ab einer gewissen Größe und ermöglichen in großen Ställen dann Stroh statt Vollspalte. Doch selbst in einem hochmodernen, voll automatisierten Stall liegen die Kosten, zu denen die Bauern unsere Milch erzeugen, oft weit über dem, was der Markt hergibt.

Ein weiterer Faktor beim Preisverfall ist die Leistungsfähigkeit moderner Milchkühe. Im Herbst 2016 habe ich die Eurotier in Hannover besucht, die weltweit größte Fachmesse für Nutztierhaltung. Frisch gestriegelt und blank geputzt warben dort die Super-Kühe der Genetikfirmen für die Erfolge der mo-

---

25 Im Juli 2016 hatte der Bundesrat in einer Entschließung die Abschaffung wenigstens der ganzjährigen Anbindehaltung gefordert; mit einer sehr halterfreundlichen Übergangsfrist von zwölf Jahren, unter Verweis auf das Tierschutzgesetz, gegen das diese Haltungsform verstoße. Die Bundesregierung ist dem jedoch nicht gefolgt. Die Anbindehaltung bleibt erlaubt. Auch Österreich erlaubt die Anbindehaltung in Ausnahmefällen. In der Schweiz ist die dauerhafte Anbindehaltung schon länger verboten.

dernen Zuchtmethoden. Die sind in der Tat beachtlich: Kuh Baltica zum Beispiel gibt schon in ihrem ersten Jahr als Milchkuh stattliche 11 000 Liter Milch – 1938 hätte eine Kuh gerade mal 2500 Liter im Jahr geschafft. Diese extreme Leistungssteigerung macht die Milch natürlich billiger. Und Funktionäre des Bauernverbandes verweisen immer wieder gerne darauf, dass das auch gut für die Umwelt sei, weil weniger Kühe bei größerer Milchmenge ja auch weniger Emissionen verursachten. Den Preis dafür zahlen allerdings die Tiere selbst – statt bis zu zwanzig Jahre, wie früher, hält eine moderne Milchkuh das nur etwa vier bis fünf Jahre durch. Danach leiden viele der Tiere unter Euterentzündungen und anderen Erkrankungen, die ihr Leben unwirtschaftlich machen. Deshalb landen Milchkühe oft nach knapp fünf Lebensjahren und weniger als drei sogenannten Laktationsperioden[26] im Schlachthof[27] – und werden zu unserer Hauptquelle etwa für Hackfleisch. Abgesehen von den ethischen Aspekten ist das eigentlich eine unglaubliche Verschwendung: Erst beim vierten oder fünften Kalb erreicht eine Kuh ihre höchste Milchleistung. Zu diesem Zeitpunkt sind die meisten Milchlieferantinnen aber längst als Burger und Buletten in unseren Mägen geendet.

So billig unsere Milch heute ist: Für ihre eigentlichen Adressaten – die Kälber – ist sie immer noch zu teuer. In vielen konventionellen Betrieben bekommen die Kälbchen statt Milch sogenannte Milchaustauscher. Diese Pulvernahrung besteht nur zum Teil aus Kuhmilch. Je nach Preisklasse wird zusätzlich Pflanzenfett zugesetzt, etwa Kokos- oder Palmöl. Bei meinem Besuch der Eurotier treffe ich einen niederländischen Hersteller, der mir ganz freimütig erklärt, warum man die Kälber nicht einfach einen Teil der Milch trinken lassen kann: »Die Milch

---

26 So nennt man den Zyklus des Kalbens. Kühe geben deshalb fast ganzjährig Milch, weil sie schon ein paar Wochen nach der Geburt ihres Kalbes wieder befruchtet werden.

27 http://www.landwirtschaft-mv.de/cms2/LFA_prod/LFA/content/de/Fachinformationen/ Betriebswirtschaft/Archiv_Verfahrensoekonomie/_Dateien/Laktationen.pdf

wollen die Molkereien ja maximal verwerten. Letztendlich ist das für den Landwirt so einfacher und günstiger.«

1950 gab es in Deutschland 3400 Molkereien.[28] Damit versorgte ein Betrieb durchschnittlich etwa 22 000 Kunden. Die Wahrscheinlichkeit, dass man die Kühe, die die Milch zum Morgenkaffee lieferten, bei einem Sonntagsspaziergang in der Umgebung schon mal in Natura gesehen hatte, war damals also hoch. Heute sind noch 148 Molkereien übrig – auf einen Betrieb kommt ein Kundenkreis von über einer halben Million! Gleichzeitig ist die Zahl der Milchbauern drastisch gesunken: von 1,6 Millionen 1950 auf etwas über 71 000 im Mai 2016.[29] Das Lebensmittel Milch, einst der Inbegriff eines regionalen Produktes, muss also zwangsläufig weite Wege zurücklegen, bis es in unser Müsli oder unseren Frühstückskaffee kommt.

Tabelle 4: Deutschlands zehn größte Molkereien (Stand 2016)

Rang	Unternehmen	Umsatz in Mio. €
1	DMK Deutsches Milchkontor	4600
2	Müller	1800
3	Hochwald Foods	1440
4	Arla Foods	1400
5	Friesland Campina	1100
6	Bayernland	1000
7	Zott	902,4
8	Ehrmann	755
9	Fude + Serrahn	647
10	Molkerei Ammerland	638,7

28 http://milchindustrie.de/fileadmin/Dokumente/Marktdaten/Fakten_Milch_Oktober_2016_ A4.pdf, S. 11

29 Ebenda, S. 11

Der Milchmarkt heute ist extrem konzentriert: Die zehn größten Molkereikonzerne halten gemeinsam einen Marktanteil von fast zwei Dritteln. Klar, dass es um die Verhandlungsposition einzelner Bauern gegenüber international agierenden Großkonzernen da nicht allzu gut bestellt ist. Ein Milchbauer muss langfristig planen: Ställe und Maschinen werden über Jahrzehnte abgeschrieben. Das Resultat: In Zeiten niedriger Preise produzieren viele Milchbauern gewissermaßen zum Selbstkostenpreis und decken, wenn es gut läuft, gerade mal noch ihre Ausgaben fürs Futter. Eine Kuh muss gemolken werden, egal ob sich der Verkauf ihrer Milch lohnt oder nicht. Und anders als ein Autohersteller kann der Milchbauer sein Erzeugnis auch nicht einfach auf Halde legen, bis der Preis wieder stimmt. Ich war im letzten Herbst zu Besuch bei einem Bauern, der seine Milch an Zott verkauft, die Nummer 7 auf dem deutschen Markt. Er hatte berechnet, ab welchem Preis alle seine Kosten gedeckt wären: 47 Cent pro Liter. Tatsächlich bekam er zu diesem Zeitpunkt 27 Cent.

Was ist drin?

Auf Joghurt, Quark oder Butter, auf Milchtüten und Sahnebechern findet sich ein ovaler Stempel mit Buchstaben und Zahlen, das sogenannte Identitätskennzeichen, bis 2005 auch bekannt unter dem Begriff »Veterinärkontrollnummer«.[30] Jede Produktionsstätte für Molkereiprodukte in der EU hat eine solche individuelle Nummer. Dabei stehen die beiden Buchstaben in der obersten Zeile für den Herkunftsstaat. In der zweiten Zeile ha-

---

30 http://www.bvl.bund.de/DE/01_Lebensmittel/03_Verbraucher/02_KennzeichnunGLM/06_Genusstauglichkeitskennzeichen/Genusstauglichkeitskennzeichen_node.html

ben deutsche Molkereien erst ein Kürzel aus zwei Buchstaben, die das Bundesland verraten, wo die Molkerei sitzt, und dann mehrere Zahlen, die den genauen Betrieb bezeichnen.

Im Internet lässt sich mit diesen Angaben herausfinden, aus welcher Molkerei die Packung stammt, die ich gerade in meinen Einkaufskorb lege.[31] Das Identitätskennzeichen sagt allerdings gar nichts darüber aus, woher die Milch kommt, die sich in dieser Packung befindet. Denn diese Kennzeichnung ist in erster Linie für die Überwachungsbehörden und Handelspartner gedacht. Sie besagt, dass der Betrieb, wo das Produkt zuletzt verarbeitet oder verpackt wurde, nach EU-weit einheitlichen Hygienestandards arbeitet und von den amtlichen Lebensmittelkontrolleuren überwacht wird.

So schön es sicherlich ist, wenn sich staatliche Stellen von der gesetzestreuen Herstellungsweise überzeugt haben: Beim Einkaufen sorgt das im schlimmsten Fall für Verwirrung oder gar Wettbewerbsverzerrung. Denn es kann durchaus sein, dass die vermeintlich bayerische Milch aus französischer Sahne, estnischem Milcheiweiß und rumänischer Molke besteht und lediglich in einer bayerischen Molkerei zusammengeschüttet und abgefüllt wurde. Viele Molkereien kaufen einzelne Bestandteile der Milch zu, je nachdem wo es die gerade am günstigsten gibt. Auf Europas Straßen rollen Transporter Tausende von Kilometern kreuz und quer über den Kontinent. Das funktioniert auch, weil sich die separierten Komponenten länger halten als frische Milch. Erst im vergangenen Sommer haben wir für unsere Lebensmittelchecks mit Tim Mälzer in diesem Zusammenhang zum Beispiel bei Sachsenmilch recherchiert – auch wieder so ein Name, der im deutschen Sprachgebrauch eigentlich etwas ganz Eindeutiges aussagt, nämlich Milch aus Sachsen. Sachsenmilch gehört zur Müller-Gruppe.

---

31 http://apps2.bvl.bund.de/bltu/app/process/bvl-btl_p_veroeffentlichung?execution=e1s2

Unser Kamerateam filmte vor den Toren der Molkerei im sächsischen Leppersdorf reihenweise Lkw aus Osteuropa. Auf Anfrage teilte uns die Pressestelle des Konzerns mit, dass die in Leppersdorf verarbeitete Rohmilch zu rund 50 Prozent aus Sachsen, zu etwa 35 Prozent aus den restlichen neuen Bundes-

Warenkunde Milch

- Der **natürliche Fettgehalt** von Milch liegt bei etwa 4,2 Prozent. Dieses Fett ist das, was den Preis bestimmt. Deshalb hinkt der Preisvergleich von konventioneller und Bio-Milch immer etwas, weil Bio-Vollmilch in der Regel 3,8, konventionelle Vollmilch aber nur 3,5 Prozent Fett enthält.

- In der Regel wird Milch bei uns **homogenisiert**. Dabei wird die Rohmilch mit hohem Druck auf eine Metallfläche geschleudert, damit die Fettkügelchen zerplatzen. Bei nicht homogenisierter Milch bildet sich mit der Zeit eine Rahmschicht auf der Milch.

- **Pasteurisierte** Milch wurde für 15 bis 30 Sekunden auf 72 bis 75 °C erhitzt und dann sofort wieder abgekühlt. Dabei gehen im Vergleich zur Rohmilch kaum Nährstoffe verloren. Diese Milch ist gekühlt maximal zehn Tage haltbar.

- Sehr viel verbreiteter in unseren Supermärkten ist die sogenannte **ESL-Milch** (extended shelf life bedeutet wörtlich: längeres Regalleben). Sie wird kürzer, dafür aber stärker erhitzt (85 bis 127 °C für ein bis vier Sekunden). Weil so mehr Keime abgetötet werden, hält die Milch auch länger. Und genau diese längere Lagerung bedingt allerdings einen deutlich höheren Vitaminverlust im Vergleich zur pasteurisierten Milch. Beim Vitamin B1 können das bis zu 15 Prozent sein.

- **H-Milch** wird für einige Sekunden auf mindestens 135 °C erhitzt und ist dadurch praktisch keimfrei und entsprechend länger haltbar. Die hohen Temperaturen verändern den Geschmack allerdings deutlich.

ländern und zu etwa 15 Prozent aus dem benachbarten Ausland stamme. »Der EU-Anteil der Milch liegt zum einen darin begründet, dass der Rohmilchbedarf nicht vollständig in den neuen Bundesländern gedeckt werden kann, zum anderen darin, dass die Milcherfassung branchenüblich keine regionalen, sondern mit Blick auf die Logistikkosten lediglich betriebswirtschaftliche Grenzen kennt.« Da die EU bekanntlich bis zur ukrainischen und russischen Grenze reicht, hat die Sachsenmilch schlussendlich viele Kilometer auf dem Buckel. In der Schweiz ist das übrigens anders: Die Gesetzgebung dort ist wenigstens ein bisschen verbraucherfreundlicher als in der EU. Schweizer Milch muss tatsächlich zu 100 Prozent aus der Schweiz stammen.

Wer als Kunde auf der Suche nach regionaler Milch ist, muss persönlich bei der Molkerei anfragen, wo sie ihren Grundstoff einkauft. Transparent ist das nicht, verbraucherfreundlich auch nicht. Manchmal aber sehr aufschlussreich ...

Auf der Suche nach der Bergmilch

An einem Vormittag im Mai 2013 stehe ich mit meinem Kamerateam vor den Toren der Molkerei Weihenstephan im bayerischen Freising. Für die Reportagereihe »ZDFzoom« möchte ich herausfinden, ob die sogenannte Alpenmilch der Firma das hält, was ihr Name und die Verpackung mit dem weiß-blauen bayerischen Staatswappen uns Kunden suggeriert: Milch von Kühen aus den bayerischen Bergen.

Die Milchprodukte in der blauen Packung hatten in Bayern lange Zeit einen besonders guten Ruf: Seit fast 1000 Jahren waren auf dem Weihenstephaner Klosterberg, zwanzig Kilometer vor den Toren Münchens, Milchprodukte hergestellt worden. Nach der Säkularisation 1803 entstand aus der Klostermolkerei eine staatliche Schule mit Lehr- und Forschungsbetrieb, ab

1967 war die Weihenstephaner Molkerei in Staatsbesitz. Sie galt stets als Garant für besonders hohe Qualität. Seit dem Jahr 2000 gehört Weihenstephan allerdings zur Müller-Gruppe, der zweitgrößten Molkerei Deutschlands. Viele Kunden bemerkten jedoch gar nicht, dass sie nicht mehr Milch aus der staatlichen Lehrmolkerei kauften. Denn die neuen Besitzer erwarben die Genehmigung, das Staatswappen auf der Packung weiter zu nutzen, praktischerweise gleich mit. Milch aus Bayern, gewissermaßen mit staatlichem Segen – das schafft Vertrauen.

Nun hatte mir ein Informant den Tipp gegeben, mal einen Blick auf die Nummernschilder der Lastwagen zu werfen, die die Molkerei in Freising beliefern – so bayerisch sei der einstige bayerische Staatsbetrieb nämlich gar nicht mehr. Also beziehen wir an einem Maimorgen vor den Toren der Firma Stellung. Durch den Zaun sehen wir, dass ein großer Tankwagen mit einem gelben Nummernschild vor dem Gebäude steht – ein deutscher Lkw kann das also schon mal nicht sein.

Unsere Anwesenheit fällt schnell auf: Nach zehn Minuten lernen wir einen Mitarbeiter des Wachdienstes kennen, weitere fünf Minuten später jemanden aus der Kommunikationsabteilung. Unsere Anwesenheit sorgt für große Aufregung und langwierige Diskussionen. Doch weil wir mit unserer Kamera nicht auf Firmengelände stehen, sondern auf dem öffentlich zugänglichen Gehweg vor dem Werkstor, können sie uns nicht vertreiben. Wir warten.

Nach zwei Stunden vor den Toren von Weihenstephan haben wir ein ganz gutes Gefühl dafür entwickelt, wie lange die Abfertigung der Lieferanten üblicherweise dauert. Kein Laster ist länger als 30 Minuten auf dem Gelände. Nur der Tankwagen mit dem gelben Nummernschild hat die Tore nicht wieder passiert, seit wir ihn zum ersten Mal entdeckt haben. Schließlich geben wir unseren Beobachtungsposten am Eingang auf und bauen uns ein paar hundert Meter entfernt auf, dort, wo uns der Wachdienst der Firma nicht mehr sehen kann. Und plötzlich taucht der Lkw auf: Er stammt aus Polen. In der Windschutzscheibe hängt ein Schild mit der Aufschrift »Milchtransport«, auf Französisch. Das Geschäft mit bayerischer Milch scheint sehr viel internationaler zu sein, als uns klar war.

Es gelingt uns, die Spedition ausfindig zu machen, der der Transporter gehört, in Radomsko, einem Städtchen in der Nähe des berühmten Wallfahrtsortes Tschenstochau – über neunhundert Kilometer von Weihenstephan entfernt. Im Ort gibt es eine Molkereigenossenschaft, die uns bestätigt, dass sie regelmäßig Milchbestandteile an einen Hamburger Großhändler verkauft. Auch das Betriebsgelände der Spedition finden wir: Es stellt sich heraus, dass das Unternehmen in ganz Europa Milchprodukte transportiert, mit mehreren Lkw. Einige Transporter der Firma sind zum Zeitpunkt unseres Drehs gerade in den Niederlanden unterwegs. Der Wagen, den wir in Freising gefilmt hatten, hatte nach Angaben der Chefin in Frankreich Sahne abgeholt und diese bei Weihenstephan abgeliefert.

Ein Interview mit einem Verantwortlichen bei Müller oder mit Weihenstephan zu diesem Thema bekommen wir, trotz mehrerer Anfragen, nicht. Schriftlich erfahren wir immerhin, dass die französische Sahne nicht für die Alpenmilch-Produktlinie bestimmt gewesen sei. Sie sei für andere Milcherzeugnisse verwendet worden – neben den eigenen Produkten stelle die Molkerei noch Lizenzware für andere Anbieter her.

Die Krux mit der Kennzeichnung

Also alles gut? Nicht ganz. Denn auch wenn die französische Sahne mutmaßlich nicht als »Alpenmilch« vermarktet wurde: Begriffe wie »Alpenmilch« oder auch »Weidemilch« sind

nicht gesetzlich geschützt. Im Prinzip kann jeder Hersteller
für sich selbst definieren, wo bei ihm die Alpen aufhören. Das
führt zu ärgerlichen Irreführungen. Denn Milch mit derarti-
gen Bezeichnungen ist deutlich teurer: Im Herbst 2016 kostete Weidemilch mindestens 22 Cent und Alpenmilch sogar
mindestens 43 Cent mehr als der Liter herkömmlicher Vollmilch. Bei einem Milchpreis von 46 Cent zu dieser Zeit sind
das gewaltige Spannen. Kunden sind bereit, diesen höheren
Preis zu bezahlen, weil sie glauben, damit die berühmte Milch
von glücklichen Kühen im Einkaufskorb zu haben.

Wir Verbraucher haben ziemlich präzise Vorstellungen
davon, was wir unter gewissen Begrifflichkeiten zu kaufen
glauben. Die Universität Göttingen hat dazu 2012 eine um-
fangreiche Untersuchung durchgeführt. Danach erwarten fast
30 Prozent aller Befragten, dass Alpenmilch aus den Alpen
kommt, und meinen damit Gebirgswiesen. Weitere 39,5 Prozent gehen gemäß dieser Erhebung von den Alpen oder dem
Alpenvorland aus, wobei den meisten dabei kaum klar ist, dass
dieses »Alpenvorland« geografisch bis nach Landshut oder In-
golstadt reicht, also über hundert Kilometer weit ins bayerische
Flachland hinein. 56,4 Prozent der Befragten glauben außerdem, dass die alpinen Kühe regelmäßig auf die Weide kommen.[32] So weit die Theorie.

In der Praxis der Hersteller hat sich eingebürgert, dass alles, was südlich der Donau liegt, irgendwie Alpenmilch-Land
ist. Und so stammte etwa die Alpenmilch von Weihenstephan
zum Zeitpunkt unserer Dreharbeiten vorwiegend von Bauern
aus dem Landkreis Freising, nordöstlich von München, wo es
definitiv keine Berge gibt. Zum Weidegang wollte der Müller-
Konzern mir gegenüber damals keine Angaben machen, aber
der Regelfall in dieser Gegend sind Kühe, die das ganze Jahr
im Stall stehen. Weihenstephan hat seine Milch mittlerwei-

---

32 Weirich, Ramona: »Labelling Policies for Food«. Göttingen 2015, S. 88.

le übrigens umbenannt und vermarktet sie seit Anfang 2015 ohne den verkaufsfördernden Namen: Wegen des Wachstumskurses des Unternehmens, so eine Pressemitteilung der Firma, werde seitdem auch Milch aus noch unalpenhafteren Gegenden verarbeitet.

Bärenmarke Alpenmilch von der Molkerei Hochwald, der Nummer 3 auf dem deutschen Markt, gibt es noch. Der Bärenmarke-Bär, der mit einer Milchkanne bewaffnet über blumenreiche Bergwiesen stapft und fröhlich wiederkäuende Rindviecher streichelt, gehört zu den Werbehelden meiner Kindheit. Entsprechend überrascht war ich, als ich im Flachland nördlich des Chiemsees einen Stall fand, der laut einem Schild Alpenmilch für Bärenmarke produziert. Es war ein sonniger Tag im Mai, der Stall war umgeben von ebenem Weideland. Die Berge konnte man in der Ferne ahnen – die Alpen lagen von dort aus etwa vierzig Kilometer entfernt. Ich hatte vormittags bei einem Bio-Betrieb mit Hofmolkerei gedreht, wo die Kühe angesichts des schönen Frühlingswetters selbstverständlich auf der Wiese grasten. Die Alpenmilch-Lieferantinnen hingegen standen im Stall, angebunden. So geben sie mehr Milch und machen dabei weniger Arbeit.

Der Preis für Bärenmarke Alpenmilch war im November 2016 44 Cent höher als der für die handelsübliche einfache Vollmilch. Bei den Bauern kam von diesem Aufschlag wenig an: Der Milchpreis pro Liter lag bei 31 Cent, nur 4 Cent höher als etwa bei der Osterhusumer Molkerei, die Aldi mit normaler 08/15-Milch ohne werbewirksame Zusatzbezeichnung beliefert. Ich habe damals versucht herauszufinden, wie viele der Bärenmarke-Kühe auf die Weide durften. Meine Mails an die Molkerei blieben leider unbeantwortet.

Es gibt durchaus gute Gründe, Milch aus den Bergen kaufen zu wollen, zumindest wenn man halbwegs in der Nähe dieser Berge lebt und die Milch nicht hunderte Kilometer transportiert werden muss. Sie enthält beispielsweise mehr Omega-3-

Fettsäuren. In gebirgigen Gegenden ist Milchviehhaltung oft die einzige wirtschaftlich sinnvolle Nutzungsmöglichkeit für Flächen. Die Wiesen am Hang zu bestellen kostet mehr Arbeitszeit und damit Geld. Insofern ist ein höherer Preis für diese Milch durchaus gerechtfertigt. Zumal die Milchleistung durch diese Haltungsform deutlich niedriger ist. Der Ernährungswissenschaftler Gerhard Jahreis von der Universität Jena untersucht seit Langem den Zusammenhang zwischen dem Leben der Kuh und der Qualität ihrer Milch. »Ein Tier, das sich wohlfühlt und auch mal die Sonne sehen darf, hat vielleicht eine Milchleistung von 3000 bis 5000 Liter, aber wir haben inzwischen Tiere, die 10 000 Liter Milch geben, und die dürfen sich möglichst nicht bewegen, sonst klappt das nicht mit den 10 000 Litern.«

Anders als die Bezeichnung »Alpenmilch« ist der Begriff »Bergbauer« EU-rechtlich geschützt. Es gibt Molkereien, die sich auf echte Bergmilch spezialisiert haben. Die Molkerei Berchtesgadener Land zum Beispiel verarbeitet nur Milch von Höfen, deren Weiden die EU-Richtlinie für Bergbauern erfüllen.

Allerdings werden auch hier noch 11 Prozent der Kühe in Anbindeställen gehalten. Diese Kühe fressen zwar das Gras von den Bergwiesen, stehen dabei aber festgebunden im Stall – die typische Situation bei kleinen Nebenerwerbslandwirten, die ihre Tiere morgens und abends nach dem Hauptjob versorgen. Aber die Molkerei arbeitet immerhin daran, ihre Bauern bei der Umstellung auf Laufställe oder Weidehaltung zu unterstützen. Und sie bezahlte, selbst auf dem Höhepunkt der Milchkrise, wo mancherorts nur noch 20 Cent pro Liter flossen, nie weniger als 40 Cent an ihre Bauern aus – ein Preis, mit dem sich nachhaltig wirtschaften lässt und der das Ziel der Molkerei, die Bauern zu Investitionen ins Tierwohl zu ermutigen, glaubwürdig macht. Die Bergbauernmilch ist in bayerischen Supermärkten immer eine der teuersten und steigert dennoch stetig ihren

Marktanteil – weil immer mehr Kunden eben doch nicht nur auf den Preis achten …

Ähnlich schwammig wie bei der vermeintlichen Alpenmilch sind die Kriterien bei Weidemilch. Auch hier gibt es keine gesetzlichen Vorschriften, was ein Hof bieten muss, damit seine Milch so heißen darf. Und auch hier haben wir Verbraucher dennoch eigentlich recht genaue Vorstellungen davon, was wir zu kaufen glauben: Milch von Kühen, die ihre Zeit überwiegend auf einer Weide verbringen!

Das Branchenfachblatt *topagrar* hat sich Ende 2015 mit diesem Thema beschäftigt und recherchiert, was »Weidemilch« bei einzelnen Großerzeugern tatsächlich bedeutet. Bei Arla und Ammerland zum Beispiel, zwei der großen Player auf dem Molkereimarkt in Deutschland, müssen Weiderinder an mindestens 120 Tagen sechs Stunden lang weiden – bedenkt man, dass das Jahr 365 Tage und der Tag 24 Stunden hat, ist das nicht wirklich viel, aber immerhin. Bei Arla beträgt der Aufschlag für diesen Aufwand 0,5 Cent pro Liter, bei Ammerland 500 Euro pauschal im Jahr.

Dumm nur, dass das die Zusatzkosten nicht mal annähernd deckt: Wie weiter vorne schon beschrieben, bedeutet der regelmäßige Ausflug ins Grüne deutlich mehr Arbeit für den Landwirt. Außerdem geben die Freilandkühe während der Weidesaison etwa fünf Liter weniger Milch pro Tag – das Herumgelaufe verbraucht Kalorien … Prof. Falk Mißfeldt und Arne Speck von der Fachhochschule Kiel haben 2015 berechnet, wie viel teurer ein Weidegang wie bei Arla oder Ammerland für den Bauern ist, und kamen auf 2 bis 2,6 Cent pro Liter. Ärgerlich wird es, wenn man sich im Vergleich dazu den Ladenverkaufspreis von Weidemilch anschaut: Als ich im Herbst 2016 im Rahmen einer ZDF-Reportage die Preise in Hamburger Supermärkten verglichen habe, kostete die Milbona-Weidemilch von Ammerland 20 Cent mehr als die normale Milch aus der gleichen Molkerei. Wer dieses Geld investiert und darauf hofft, dass davon der Bauer und sein Milchvieh profitieren, hat also offenkundig eine Fehlinvestition getätigt.

In Österreich wird seit 2004 »Heumilch« mit speziellem Siegel vermarktet. Ähnlich wie bei der Bergbauernmilch gibt es auch bei Heumilch feste Kriterien, die die ARGE Heumilch Österreich festgelegt hat. Auf deren Homepage werden die so beschrieben:

Seit Jahrhunderten erfolgt die Fütterung der Milchkühe angepasst an den Lauf der Jahreszeiten: Im Sommer bringen unsere Bauern die Kühe zur Sommerfrische auf die Weiden und Almen. Die Wiesen werden gemäht, das Gras wird getrocknet und das so gewonnene Heu in Scheunen

Tabelle 5: Haltungsbedingungen für Milchkühe

	Stallfläche	Anbinde-haltung	Freifläche
Konventionelle Haltung	keine Vorschrift	ja	---
EU-Bio-Siegel	6 m²/Kuh	in Ausnahmefällen möglich	4,5 m²/Kuh
Bioland	6 m²/Kuh	in Ausnahmefällen möglich	4,5 m²/Kuh
Naturland	6 m²/Kuh	in Ausnahmefällen möglich	4,5 m²/Kuh
Demeter	6 m²/Kuh	in Ausnahmefällen möglich	4,5 m²/Kuh

für die kalte Jahreszeit gelagert. Heumilchkühe genießen den ganzen Sommer frische Luft, klares Wasser und eine Auswahl von bis zu 1000 Gräsern und Kräutern. Im Winter werden sie mit sonnengetrocknetem Heu versorgt. Als Ergänzung erhalten sie mineralstoffreichen Getreideschrot. Vergorene Futtermittel wie Silage sind strengstens verboten.[33]

40 Prozent der Milch aus Tirol und dem Vorarlberg werden so erzeugt. Mittlerweile gibt es auch im Allgäu eine Reihe von Bauern, die nach diesen Kriterien produzieren,[34] und auch in der Schweiz werden seit Anfang 2017 Milchprodukte mit dem Heumilch-Siegel erzeugt.

Maximale Betriebsgröße	Enthornung	Kälberhaltung
keine Vorgabe	ja	Einzelboxen zulässig
2 Kühe/ha	nicht routinemäßig, aber auf Antrag möglich	keine Einzelboxen nach der ersten Lebenswoche, kein Milchaustauscher
2 Kühe/ha	nicht routinemäßig, aber auf Antrag möglich	mindestens 1 Tag bei der Mutter
2 Kühe/ha	nicht routinemäßig, aber auf Antrag möglich	empfiehlt Säugen in den ersten Tagen
2 Kühe/ha	nein	keine Einzelboxen nach der ersten Lebenswoche, kein Milchaustauscher

33 https://www.heumilch.at/heumilch/heuwirtschaft/

34 Eine Liste der Erzeuger findet sich hier: http://www.heumilch.com/mitglieder/

Dann lieber Bio-Milch?

Anders als bei Alpen- oder Weidemilch gibt es bei Bio-Milch klare gesetzliche Regelungen. Die EU-Verordnung Nr. 834/2007 schreibt detailliert vor, wie Tiere gehalten oder gefüttert werden müssen, deren Milch das Bio-Siegel tragen darf. Bio-Milch ist in der Regel gentechnikfrei. Die Tiere dürfen nur in Ausnahmefällen und nur vorübergehend angebunden werden, der gelenkschädliche Vollspaltenboden ist verboten, Weidegang ist Pflicht. Bei Biomilch können wir Kunden also davon ausgehen, dass unsere Milchlieferantinnen mindestens einen Teil des Jahres auf einer saftigen Weide verbringen. Pro Hektar Fläche dürfen nicht mehr als zwei Milchkühe gehalten werden – so ist sichergestellt, dass der Hof einigermaßen nachhaltig wirtschaftet. Jedes Tier hat laut Vorschrift wenigstens sechs Quadratmeter Stall- und viereinhalb Quadratmeter Außenfläche zur Verfügung.

Das Bio-Siegel der EU macht dabei noch die lockersten Vorschriften: das Futter »soll« hauptsächlich im eigenen Betrieb erzeugt werden; im Zweifel dürfen konventionelle und in Ausnahmen sogar gentechnisch verwendete Futtermittel eingesetzt werden. Bei Bioland und Naturland müssen mindestens 60 Prozent des Futters vom eigenen Hof kommen; das zugekaufte Futter soll aus der Region stammen. Demeter-Bauern müssen ihr Milchvieh zur Hälfte mit eigenem Futter versorgen; der Rest muss überwiegend aus Demeter-Anbau stammen. Außerdem dürfen Demeter-Kühe niemals enthornt werden.

Wozu braucht die Kuh Hörner?

Das Enthornen von Kühen, vor allem zum Schutz der Menschen vor Verletzungen, hat bei uns eine lange Tradition. Ende des 15. Jahrhunderts war es etwa im Nürnbergischen Altdorf sogar polizeilich vorgeschrieben, bei Strafandrohung: »Item man soll auch den Kuen die hörrnner abschneyden, das eine der andern nit schaden thue. Unnd wo man spitzige hörrnner findt, den will man straffen von einer jeden Kue umb 60 Pfg.«[35]

Heute ist das Enthornen von Milchkühen Standard. Gerade in Laufställen glaubt man so, mehr Kühe auf engerem Raum halten zu können, ohne dass die Tiere sich gegenseitig verletzten, ob versehentlich oder bei Rangkämpfen. Viele Fleischrassen sind durch gezielte Zucht schon lange hornlos, etwa die Galloway-Rinder, ein Trend, der allmählich auch die Milchrassen erfasst. Selbst in Bio-Betrieben werden noch 70 Prozent der Kühe enthornt.

Nun ist nicht alles, was praktisch ist, auch gut: Hörner benötigt die Kuh nicht nur, um die Rangfolge zu klären – bezeichnenderweise gibt es in horntragenden Herden sogar weniger aggressive Rangkämpfe, weil oft schon das Vorzeigen von Hörnern ausreicht, um zu klären, wer hier die Chefin ist… ein Phänomen, das uns Menschen vertraut vorkommen dürfte! Die Hörner haben für Kühe auch eine wichtige Funktion zur Regulierung des Wärmehaushalts. Deshalb haben Rinder in heißen Regionen der Erde oft so eindrucksvoll große Hörner. Wer einer Kuh diesen Körperteil nimmt, beraubt sie also essenzieller Körperfunktionen.

Laut Deutschem Tierschutzgesetz muss die Enthornung unter Betäubung stattfinden – außer bei Kälbern, die jünger sind als sechs Wochen. Der Deutsche Tierschutzbund kritisiert das scharf:

Die Regelung, bei unter sechs Wochen alten Kälbern von einer Betäubungspflicht abzusehen, lässt sich tiermedizinisch nicht begründen. Das Schmerzempfinden der Tiere ist be-

---

35 Hans Recknagel mit Erika Recknagel: »Häuserchronik der Altdorfer Altstadt«. Altnürnberger Landschaft e. V., Neuhaus 2009, S. 269.

reits zum Zeitpunkt der Geburt ausgeprägt. (…) Trotz der Einschränkung durch das Tierschutzgesetz auf den unerlässlichen Einzelfall wird das Enthornen bestandsweise als Routineeingriff vorgenommen. Die Enthornung der Kälber ist so sehr zur Normalität geworden, dass sich kaum noch ein Landwirt die Frage stellt, ob die Enthornung der Tiere für die vorgesehene Nutzung zu seinem oder zum Schutz der anderen Tiere tatsächlich unverzichtbar ist.[36]

Zufriedene Kühe in geräumigen Laufställen, die regelmäßig auf eine satte Wiese zum Weiden dürfen, können auch mit Hörnern problemlos gehalten werden – an dieser Stelle ist Demeter, trotz des hohen Preises, aus meiner Sicht klar vorne.

Der wahre Preis der billigen Milch

Bis zum Frühjahr 2015 war die Milchmenge, die jeder Bauer produzieren durfte, begrenzt mit einer Milchquote. Die EU wollte so verhindern, dass gigantische Milchseen und Butterberge entstehen, wie einst in den 1970er-Jahren. Mit der Freigabe der Produktion setzte ein ruinöser Preisverfall ein, auf den viele Bauern mit Mengensteigerungen reagierten: Wenn der Liter Milch weniger Geld bringt und die Kredite trotzdem bedient werden müssen, muss es eben die Masse machen.

Nur wohin dann mit der vielen Milch? Joghurt, Milch und Co sind schließlich nur begrenzt haltbar. Deshalb verarbeiten die großen Molkereien das, was sich nicht frisch verkaufen lässt, zu einem länger haltbaren Produkt. In den letzten Jahren hat allein die größte, das Deutsche Milchkontor, 70 Millionen Euro in Anlagen für Milchpulver-Produktion investiert. Ein kleiner

---

36 https://www.tierschutzbund.de/fileadmin/user_upload/Downloads/Positionspapiere/ Landwirtschaft/Enthornen_von_Rindern.pdf

Teil davon geht an die Lebensmittelindustrie, etwa für Fertigge-richte. Aber wer kauft alles andere? Im Winter 2016 mache ich mich im Auftrag des ZDF auf die Suche nach den Überschüs-sen. Ich werde schnell fündig: In einem Lager in der Nähe von Wilhelmshafen stoße ich auf riesige Mengen Milchpulver, ein-gelagert von der EU. Immer wenn der Milchpreis unter eine be-stimmte Grenze fällt, kauft die EU in großem Stil Milchpulver auf. Allein 2016 350 000 Tonnen. Das entspricht der kaum vor-stellbaren Menge von fast zweieinhalb Milliarden Litern Milch. Dreißig solcher Lager hat die EU allein in Deutschland ange-mietet, wo Mitarbeiter der Bundesanstalt für Landwirtschaft re-gelmäßig kontrollieren, ob es unserem Milchsee in Pulverform gut geht. Das kostet. Die billige Milch der vergangenen Monate finanzieren wir Steuerzahler über diesen Umweg mit.

Milchpulver lässt sich gut exportieren. Und zunehmend er-schließen wir dabei Märkte, wo wir mit unseren Milchprodukten großen Schaden anrichten. Einer der großen deutschen Milch-spediteure macht mich auf ein Zielgebiet aufmerksam, mit dem ich nun wirklich gar nicht gerechnet hätte: Afrika. Und tatsäch-lich: Bei meinen weiteren Recherchen stoße ich in Kamerun auf Joghurts von Zott, H-Milch von Meggle und Milchpulver von Arla. Zu Preisen, die niedriger sind als der Preis einheimischer Milchprodukte, trotz der viel niedrigeren Löhne in Afrika…

Entwicklungshelfer verzweifeln an diesem Geschäft. Fran-cisco Marì, Referent für Welternährung und Agrarpolitik bei der Hilfsorganisation Brot für die Welt, erlebt immer wieder mit, wie die Agrarexporte der EU Entwicklungsprojekte tor-pedieren: »Das ist so ein bisschen ein Hase-und-Igel-Spiel. Wir bauen Projekte auf, damit die afrikanischen Bauern sich eine Existenzgrundlage schaffen können, und wir sehen, dass dann plötzlich Produkte aus Europa da sind, die billiger ver-kauft werden. Ich will nicht so weit gehen zu behaupten, dass wir so Fluchtursachen schaffen, aber zumindest schaffen wir auch keine Gründe, damit die Menschen hierbleiben.«

Wie finde ich die faire Milch?

Uns Verbrauchern wird immer wieder unsere stramme »Geiz ist geil«-Mentalität vorgeworfen. Mit meinen eigenen Erfahrungen deckt sich das nur zum Teil. Ich bin bei Dreharbeiten oft Kunden begegnet, die gerne einen etwas höheren Preis zahlen würden, wenn sie sich denn sicher sein könnten, dass dieser Aufschlag auch wirklich dazu beiträgt, dass es den Kühen und ihren Besitzern besser geht. Der Verkaufspreis ist dafür nicht unbedingt ein geeigneter Gradmesser: Wie schon gesehen, sagen frei erfundene Bezeichnungen wie Weide- oder Alpenmilch nicht viel über die Qualität der Erzeugung aus. Manchmal jedoch ist sogar die identische Milch in Tüten ganz unterschiedlicher Preisklassen.

Im Juni 2013 wollte ich für einen Film gemeinsam mit der Universität Jena herausfinden, welche Molkereien Milch von Kühen verarbeiten, die wenigstens gelegentlich auf die Weide dürfen. Wie schon weiter vorne beschrieben, hängt der Anteil der Omega-3-Fettsäuren in der Milch davon ab, ob die Kühe frisches Gras fressen und wo dieses Gras gewachsen ist. Damals analysierte Prof. Gerhard Jahreis vom Institut für Ernährungsphysiologie für uns die Fettsäureprofile von 15 verschiedenen Herstellern. Bei der Lektüre der Testergebnisse stutzte ich: Die Werte der »Rewe Frischmilch« und der »Ja!«-Vollmilch, der Billiglinie aus dem gleichen Konzern, glichen sich bis mehrere Stellen hinter dem Komma. Konnte das Zufall sein? Nein, erklärte mir der Ernährungswissenschaftler: »Das ist eindeutig die identische Milch, nur unterschiedlich verpackt!«

Mit diesem Ergebnis wandte ich mich an Rewe, einen der vier Großen im deutschen Einzelhandel. Konnte es tatsächlich sein, dass die beiden Produktlinien komplett identisch waren? Die Pressestelle von Rewe wollte mit mir darüber nicht persönlich sprechen. Schriftlich bekam ich die Auskunft, dass es sich hier tatsächlich um die gleiche Milch gehandelt habe. Der

Preisunterschied von immerhin 30 Cent pro Liter erkläre sich durch die aufwändigere Verpackung und die unterschiedliche Logistik. Nun war ich baff! Als Kundin hatte ich bis dahin doch unterstellt, dass ein deutlich teureres Produkt auch irgendwie qualitativ besser sein müsste. Tatsächlich aber bezahlte ich da offenbar lediglich eine buntere Milchpackung?

Es wäre höchste Zeit, Kennzeichnungsrichtlinien zu verabschieden, die sich an den Bedürfnissen von uns Verbrauchern orientieren und nicht an denen der Lebensmittelindustrie. Solange die Politik da untätig bleibt, müssen wir Kunden selbst aktiv werden. Kritisch hinterfragen, was wir da kaufen. Den Molkereien auf den Zahn fühlen. Nachfragen, was da genau verarbeitet wird. Das ist mühsam und lästig. Aber unsere einzige Chance, wenn wir uns nicht immer wieder von der Industrie an der Nase herumführen lassen wollen.

Checkliste für mündige Milchtrinker

▶ Die Begriffe Weide- und Alpenmilch sind nicht gesetzlich geschützt. Die Hersteller legen selbst fest, welche Standards sie dabei einhalten. Deshalb kann auch Weidemilch theoretisch von einer Kuh stammen, die die meiste Zeit im Stall steht.

▶ Konkrete Versprechungen auf der Packung hingegen müssen stimmen. Gentechnikfrei, 300 Weidetage im Jahr, mindestens 40 Cent für die Bauern – alles, was explizit angegeben wird, muss auch eingehalten werden, sonst machen sich die Hersteller des Betrugs schuldig.

▶ Bei Heumilch und Bergbauernmilch gibt es EU-weit einheitliche gesetzliche Vorgaben, auf die sich Verbraucher verlassen können.

▶ Ein höherer Verkaufspreis bedeutet nicht unbedingt, dass die Bauern mehr Geld für Ihre Milch bekommen. Wenn

Ihnen faire Bedingungen wichtig sind, dann greifen Sie zu Produkten, die das konkret versprechen und dazu auf der Packung möglichst genaue Angaben machen. Im Zweifel bei der Molkerei abfragen, wie hoch im vorangegangenen Quartal der Milchpreis war, den sie ihren Lieferanten gezahlt hat.

▶ Das Identitätskennzeichen sagt nur etwas über die Molkerei aus, wo die Milch abgefüllt wurde. Wer wirklich wissen möchte, woher seine Milch stammt, muss selbst aktiv werden und bei der Molkerei nachfragen, woher sie ihre Milch bezieht.

▶ Eine Molkerei muss nicht kennzeichnen, ob sie einfach die Milch ihrer Bauern weiterverarbeitet oder ob sie diverse Komponenten einzeln zukauft. Das geschieht insbesondere bei Produkten wie Joghurt, aber auch bei Frischmilch. Auch hier hilft nur der Anruf bei der Molkerei.

▶ Je kleiner die Molkerei, desto transparenter die Herstellung: Hofmolkereien, die nur die eigene Milch verarbeiten, haben zwar meist eine kleinere Produktpalette; dafür aber können Sie besser überprüfen, ob es Kuh und Bauer gut geht.

5. Fleisch mit gutem Gewissen

An meinen ersten persönlichen Kontakt mit industrieller Fleischerzeugung kann ich mich noch gut erinnern: Es ist ein sonniger Spätsommertag 2010. Gemeinsam mit Tim Mälzer bin ich unterwegs im Oldenburger Münsterland, um einen Blick hinter die Kulissen von Wiesenhof zu werfen – mit einem Umsatz von 2,27 Millionen Euro im Jahr der mit weitem Abstand größte Geflügelerzeuger in Deutschland. Dem Besuch waren langwierige Verhandlungen vorausgegangen: mit der Presseagentur, die Deutschlands größten Geflügelmäster in der Öffentlichkeit vertritt, und schließlich mit der Eigentümerfamilie, die mich persönlich kennenlernen wollte, bevor sie uns mit der Kamera in ihre Ställe lässt. In den Jahren davor hatte Wiesenhof mehrmals Negativschlagzeilen gemacht, zum Beispiel wegen besonders rabiater Impftrupps, die die Tiere beim Impfen brutal verletzt hatten. Immer wieder waren Tierschützer in Betriebe eingestiegen, um mit der Kamera Verstöße gegen das Tierschutzgesetz zu dokumentieren.

Mir ist natürlich bewusst, dass die Einladung an uns dem etwas entgegensetzen sollte. Natürlich erwarten wir, in die Musterställe geführt zu werden. Dennoch versprechen wir uns interessante Einblicke in den Alltag konventioneller Geflügelmast. Zu diesem Zeitpunkt kostet ein Wiesenhof-Hähnchen im Supermarkt etwa drei Euro. Zu Zeiten meiner Großeltern war ein Huhn noch ein luxuriöses Essen, für Festtage. Die industrielle Fleischerzeugung unserer Zeit hat aus Hähnchenfleisch ein Alltagsgericht gemacht. Ich bin gespannt, wie das funktioniert.

Unsere Reise durchs Wiesenhof-Reich beginnt in der Brüterei. Jeden Tag schlüpfen hier über 600 000 künftige Wiesenhof-Hähnchen, die dann lastwagenweise an die vielen Mäster verteilt werden. Das sind 234 Millionen Küken pro Jahr – und damit zwei Fünftel aller in Deutschland geschlachteten

Masthähnchen. Seniorchef Heinz Wesjohann begleitet uns persönlich durch den Tag. Wir müssen uns komplett ausziehen und bekommen weiße Overalls gestellt – so gründliche Hygienevorkehrungen habe ich nirgendwo zuvor in der Lebensmittelindustrie erlebt. Riesige Wärmeschränke mit tiefen Schubladen ersetzen die brütende Glucke. Wir erwischen bei einer Schubladenfüllung exakt den Moment, in dem ein Küken aus dem Ei schlüpft. »Hallo Brathähnchen«, sagt Tim Mälzer, als ihm das Miniküken auf die Hand gesetzt wird. Ein seltsamer Augenblick: ein neues Leben, in dieser klinisch kühlen Umgebung. Aber Tierquälerei? Noch haben wir kein schlechtes Gefühl.

Allerdings frage ich mich zum ersten Mal, ob der Zeitplan unserer Dreharbeiten womöglich nicht allein von praktischen Erwägungen bestimmt wurde: Um die Ecke von den Brutschränken stehen lange Förderbänder und stapelweise flache blaue Gitterboxen aus Kunststoff – die Transportbehälter für die Küken, in denen sie in die Mastbetriebe gebracht werden. Mich interessiert, wie das abläuft, und ich frage nach. Die Verladung der Küken sei für heute leider schon abgeschlossen, erfahre ich. Es gelingt mir, den Firmenchef zu überreden, dass mein Kamerateam am nächsten Morgen noch mal vorbeischauen darf, wenn die Förderbänder wieder laufen – der Pressebeauftragte ist davon sichtlich nicht begeistert.

Wie glücklich ist ein Wiesenhof-Huhn?

Verständlich – denn die Bilder, die mein Team am nächsten Tag dreht, sind deutlich weniger schön: Küken, die aus den Schubladen der Brutschränke mit einem Ruck auf die Laufbänder geschüttet werden, die über Förderbänder in Steigen purzeln, teils zwanzig Zentimeter tief fallen, kreuz und quer übereinander – ich kann mir nur schwer vorstellen, dass das die jungen

Tiere nicht ängstigt. Als ich die Aufnahmen später Dr. Michael Marahrens zeige, dem stellvertretenden Leiter des Instituts für Tierschutz und Tierhaltung am Friedrich-Löffler-Institut, bestätigt er mir, dass das kein tiergerechter Umgang mit Küken ist. »Die große Fallhöhe ist problematisch. Das ist auf jeden Fall eine Belastung für das Tier, auch wenn es keine Verletzungen hervorruft.« Allerdings angesichts der Massen der einzig mögliche: Personal ist ein erheblicher Kostenfaktor.

Aber zurück zu unserer Betriebsbesichtigung. Unsere nächste Station ist ein Mastbetrieb. Wie die meisten großen Geflügelerzeuger arbeitet Wiesenhof mit einer Art Franchise-System: Bauern bekommen die Küken aus der zentralen Wiesenhof-Mästerei und liefern die schlachtreifen Tiere an den Wiesenhof-Schlachthof. Auch hier gelten wieder strenge Hygienevorschriften. Jeder bekommt einen Overall, die Schuhsohlen werden desinfiziert. Ziel sei, so Heinz Wesjohann, möglichst ohne Antibiotikaeinsatz durch den Mastzyklus zu kommen. Das ist auch deshalb eine Herausforderung, weil der riesige Stall mit seinen 30 000 Bewohnern während der gesamten 35 Tage ihres Lebens bis zur Schlachtung nie ausgemistet wird. Das wäre logistisch kompliziert und würde die Mast zu teuer machen. Heinz Wesjohann ist stolz darauf, dass er durch seine extrem effiziente Produktionsweise Hühner erschwinglich gemacht hat, für jedermann an jedem Tag.

Im Stall, den wir besichtigen, sind die Tiere 21 Tage alt. Auch das dürfte bewusst gewählt worden sein – noch hätten die 30 000 Junghühner theoretisch genug Platz, herumzurennen, wie es der Natur von Hühnern entspricht. Allerdings nur drinnen. »Die wollen auch gar nicht raus«, erklärt uns der Firmenchef. »Hühner haben große Angst vor Greifvögeln.« Für Laien wie Tim Mälzer und mich machen die Tiere einen guten Eindruck. Ihr Federkleid ist noch spärlich, aber das liegt daran, dass sie noch so jung sind. Wir diskutieren an diesem Abend noch lange darüber, ob Massentierhaltung wirklich so schlimm ist. Sind Wiesenhof, Rothkötter und Co womöglich Opfer einer Kampagne von Tierschützern? Ist es vielleicht doch ganz okay, Hühner konventionell zu halten?

Wie schon erwähnt, lasse ich mein gesamtes Filmmaterial vom Betriebsbesuch durch einen sachkundigen Experten beurteilen. Dr. Michael Marahrens vom staatlichen Friedrich-Löffler-Institut ist gelernter Tierarzt und einer der führenden Fachleute in Sachen Tierhaltung. Seine fachmännische Meinung ist völlig klar: »Die Tierhaltung im konventionellen Bereich ist ausnahmslos ein Kompromiss in Sachen Tiergerechtigkeit«, sagt er mir. »Im nationalen Bewertungsrahmen ist diese Art der Haltung in die schlechteste Kategorie eingestuft, und zwar aufgrund der Tatsache, dass diese Haltung der Tiergerechtigkeit nicht entspricht.« Dazu gehöre Auslauf, Klimareiz, Training der Thermoregulation, Bewegung. All das sei hier nicht gegeben, sagt der Fachmann und urteilt: »Diese Haltungsbedingungen sind optimiert auf Fleischgewinnung und Arbeitsökonomie, nicht auf Tierschutz.«

Anhand der Bilder aus dem Musterstall kann er mir zeigen, wo sich die fehlende Tiergerechtigkeit manifestiert. Auffällig sei, dass die Hühner immer nur ein paar Schritte gingen und sich dann wieder hinsetzten – für ein Huhn sei das sehr untypisch. »Wir untersuchen zurzeit, ob eine Bewegung von Mastgeflügel in später Mastphase Schmerzen verursacht«, berichtet Marahrens. Bei ersten Versuchen im Institut wurde den Tieren Schmerzmittel gegeben und dann geschaut, wie die Tiere sich unter Schmerzmitteln bewegen: »Da sind tatsächlich einige Unterschiede aufgetaucht.«

Auch mit der Mär von den ängstlichen Hühnern, die ganz dankbar sind, dass sie nicht ins Freie müssen, räumt der Veterinär auf: »Woher wird denn die Erkenntnis gezogen, dass die Tiere den Auslauf gar nicht nutzen würden? Das gibt es nicht. Wenn ein Tier den Stallbereich nicht verlassen kann, dann ist ein wichtiger Funktionskreislauf des Verhaltens gestört.« In gu-

ter Freilandhaltung gibt es deshalb ausreichend Unterschlupfmöglichkeiten – so können Hühner unbeschwert draußen
scharren und picken, wie es ihrer Natur eigentlich entspricht.

Warum konventionelle Tierhaltung immer eine Qual ist

Seit meinem Wiesenhof-Besuch ärgere ich mich immer wieder, wenn ich im Fernsehen die klassischen »Tierschützer dokumentieren Verstöße«-Filme sehe. Denn aus meiner Sicht
gehen sie am eigentlichen Problem vorbei. Ich glaube den
Wesjohanns, dass sie kein Interesse an fahrlässiger oder bewusster Quälerei einzelner Tiere haben. Schon aus kommer-
ziellem Interesse liegt ihnen daran, möglichst viele Tiere heil
zum Schlachthof zu bringen. Das Problem ist das Prinzip: Die
industrielle Geflügelerzeugung an sich ist in ihrer Gesamtheit
Quälerei – selbst dann, wenn alle Vorschriften penibel eingehalten werden.

Das Problem beginnt mit der Genetik: Die Mastrassen
von heute sind auf unglaubliche Gewichtssteigerung in kürzester Zeit hingezüchtet. Das Teure bei der Tiermast, neben
den Personalkosten, ist das Futter. Also wurden Mastrassen
dahin optimiert, dass sie Futter extrem gut verwerten und in
kürzester Zeit in Fleisch verwandeln. Sobald sie ausgewachsen sind, werden sie geschlachtet – von da an würden sie nur
noch unnütz Kalorien verbrennen, ohne dass dem ein lukrati-
ver Fleischzuwachs gegenübersteht.

Hühnerrassen, die für Hobbyhalter gezogen werden, sind
nach sechs bis neun Monaten ausgewachsen. Die Turbohüh-
ner für die Lebensmittelindustrie schaffen das in wenig mehr
als einem Monat. Diese Tiere dann zu schlachten ist übrigens
zwingend notwendig, denn die Entwicklung des Knochenge-
rüsts hält mit dem Fleischzuwachs nicht Schritt – stabile Kno-

chen sind für die spätere kommerzielle Verwertung ja nicht wichtig …

Ich habe Fachleute seither öfters gefragt, was passieren würde, wenn man ein Wiesenhof-Hühnchen einfach weiterleben ließe. Sie waren sich einig: Dieses Tier hätte kein schönes Leben – Schmerzen aufgrund des zu hohen Fleischgewichts im Verhältnis zu den Knochen, Herzprobleme, Kreislaufschwierigkeiten und so weiter.

Mit Blick auf eine möglichst optimale Futterverwertung ergeben auch die engen Ställe und der Verzicht auf Auslauf Sinn: Jeder Schritt, den das spätere Brathähnchen macht, verbraucht teuer angefutterte Kalorien. Je weniger Platz die Tiere haben, um Kalorien zu verplempern, umso kostengünstiger wird das Produkt am Ende. Klingt zynisch? Ja, das finde ich allerdings auch!

Warenkunde Geflügel

Bei Geflügel gibt es die Klassen A, B und C sowie E = extra groß.

- Tiere der Handelsklasse A müssen vollfleischig, einwandfrei gerupft und ohne Verletzungen oder Verfärbungen sein. Nur diese Tiere dürfen als »Markengeflügel« bezeichnet werden.

- Geflügel der Handelsklasse B ist fleischig und darf einen ungleichmäßigen Fettansatz, kleine Hautrisse oder geringfügige Rötungen haben.

- Tiere der Handelsklasse C werden überwiegend industriell verarbeitet, etwa in Fertiggerichten.

Diese Güteklassen verraten nur etwas über die Beschaffenheit des Fleischs, nicht aber über die Haltungsbedingungen – ein sehr unglückliches Hähnchen aus einem schlecht geführten Stall mit 40 000 Hühnern kann also als A-Qualität gelten.

Besser Bio?

Nicht jeder Bio-Bauer ist automatisch der bessere Mensch. Ich bin im Laufe meiner Dreharbeiten vielen Landwirten persönlich begegnet, und auch bei den konventionellen Erzeugern habe ich nicht einen getroffen, der seine Tiere absichtlich schlecht behandeln will. Die Zwänge des Marktes, wo das Kilo Hühnerbrust billiger sein muss als ein Kilo Kartoffeln, bringen Bauern dazu, sich ins System der supereffektiven, supergünstigen Tiererzeugung zu begeben. Und natürlich gibt es auch unter den Bio-Mästern einzelne, deren vorrangiges Ziel die Profitvermehrung ist und die die gesetzlichen Grenzen so weit wie möglich ausreizen. Aber zumindest erlauben diese Grenzen den gemästeten Tieren schon mal ein würdigeres Leben als ihren konventionellen Artgenossen.

Die Haltung von Masttieren regelt in Deutschland die Tierschutz-Nutztierhaltungsverordnung.[37] Vergleicht man die dort festgeschriebenen Vorschriften mit denen der verschiedenen Bio-Siegel, wird schnell klar, warum Bio-Geflügel so viel teurer sein muss: Denn gerade bei den zwei Faktoren, die die Kostentreiber bei der Tierhaltung sind, unterscheiden sich die Richtlinien für Bio-Betriebe maßgeblich von denen für konventionelle Fleischerzeuger. Hühner und Schweine haben in diesem Zusammenhang das Pech, dass sie sich für die industrialisierte Variante der Fleischproduktion besonders gut eignen, ohne dieses Leben mit schlechter Fleischqualität zu quittieren. Deshalb ist der Preisunterschied zwischen Bio und Konventionell bei diesen Tierarten so extrem. Rinder brauchen deutlich länger, bis sie ausgewachsen sind. Da sind die Stellschrauben in Sachen Effektivität und Gewinnmaximierung etwas schwerer zu drehen.

---

37 http://www.gesetze-im-internet.de/tierschnutztv/BJNR275800001.html

Alles, was die Tiergerechtigkeit bei der Mast steigert – ein Boden, auf dem die Tiere nicht selbst ihren Kot durch die Böden treten, Einstreu, die für Liegekomfort sorgt, Stroh, mit dem sich die Tiere beschäftigen können –, macht Arbeit. Einen Wiesenhof-Stall mit 30 000 künftigen Broilern

Tabelle 6: Haltungsbedingungen für Masthähnchen

	Besatzdichte	Ausstattung des Stalls	Freifläche
Konventionelle Haltung	26 Hühner/m²	---	---
EU-Bio-Siegel	10 Hühner/m²	Sitzstangen, mind. 1/3 der Stallfläche eingestreuter Scharrraum	4 m²/Tier
Bioland	10 Hühner/m²	Sitzstangen, mind. 1/3 der Stallfläche eingestreuter Scharrraum	4 m²/Tier
Naturland	10 Hühner/m²	Sitzstangen, mind. 1/3 der Stallfläche eingestreuter Scharrraum	4 m²/Tier, Schlechtwetterauslauf
Demeter	10 Hühner/m²	Sitzstangen, mind. 1/3 der Stallfläche eingestreuter Scharrraum	4 m²/Tier, Schlechtwetterauslauf

schafft ein Mitarbeiter alleine, und er kann sogar noch ein oder zwei weitere solche Ställe managen. Ein Stall, der jeden Tag ausgemistet werden muss, benötigt viel mehr Manpower.

Maximale Betriebsgröße	Maximale Kapazität	Mindestschlachtalter
Die Düngeverordnung regelt indirekt den Tierbesatz, indem sie die anfallenden Gülle- und Mistmengen auf 230 kg Stickstoff/Hektar Betriebsfläche begrenzt.	---	keine Begrenzung, üblich sind 32–35 Tage
580 Tiere/Hektar	4800 Tiere pro Stall	81 Tage
280 Tiere/Hektar – das entspricht 170 kg Stickstoff/Hektar	4800 Tiere pro Stall, 16000 Tiere pro Betrieb.	81 Tage
280 Tiere/Hektar – das entspricht 170 kg Stickstoff/Hektar	4800 Tiere pro Stall, 16000 Tiere pro Betrieb.	81 Tage
280 Tiere/Hektar	3000 Tiere pro Stall	81 Tage

Ökotiere fressen zudem nur ökologisch angebautes Futter, das grundsätzlich immer gentechnikfrei erzeugt wurde. Teureres Futter also, das aber zugleich für einen nachhaltigeren Umgang mit unseren natürlichen Ressourcen steht. Und gerade beim allgegenwärtigen Soja ist Ökofutter ein wichtiges Thema: Deutsche Verbraucher wollen keine gentechnisch veränderten Produkte, deshalb gibt es die bei uns im Supermarkt nicht. Indirekt aber eben doch, weil ein Großteil der Sojabohnen, die unsere Mastschweine und -hühner, aber auch die Milchkühe fressen, Gensoja ist – auf dem Weltmarkt gibt es nur ganz wenig anderes Futtersoja zu kaufen.

Zu Besuch bei einer armen Sau

Für dieselbe Dokumentation, der wir den Einblick bei Wiesenhof verdanken, sind Tim Mälzer und ich auch unterwegs in den Schweineställen von Edeka Nordfleisch. Eigentlich will uns das Management an diesem Tag am liebsten nur den Bio-Vorzeigebetrieb präsentieren. Wir können jedoch überzeugend darlegen, dass es für uns und für unsere Zuschauer viel spannender wäre, dort zu drehen, wo der Löwenanteil des Fleischs entsteht: bei einem konventionellen Mäster. Beim Absatz von Schweinefleisch liegt der Bio-Anteil auf dem deutschen Markt unter 1 Prozent.

Spontan dürfen wir den Betrieb eines Schweinemästers in Schleswig-Holstein besuchen – ein Landwirt, der seinen Hof seit vielen Generationen bewirtschaftet und der, das spüren wir sofort, mit Leib und Seele Bauer ist. Und doch für einen wirklich verstörenden Moment sorgt.

Unsere erste Station ist die Ferkelaufzucht. Eine riesige Muttersau, über hundert Kilo schwer, steht in einem engen Metallgitter, dem sogenannten Ferkelschutzkorb. Darin eingesperrt bleibt sie die gesamten vier Wochen, die sie ihre Ferkel säugt. Sie kann aufstehen und sich hinlegen – das war's. Mit irgendeiner Form von Mutter-Kind-Verhältnis hat das nichts mehr zu tun. Die Muttersau ist eine Art lebende Milchzapfanlage. Den EU-Vorschriften, dass Ferkel mindestens 21 Tage lang gesäugt werden müssen, ist so genüge getan. Wie der Name schon sagt, soll der Ferkelschutzkorb die Ferkel schützen – davor, dass sich die Sau versehentlich auf sie legt und sie dabei erdrückt. Dieses Problem ist jedoch kein naturgegebenes. Bei einer Muttersau, die tiergerecht gehalten wird, die genug Platz hat, die sich auch mal zurückziehen kann, ist die Gefahr, dass die Ferkel Schaden nehmen, sehr gering. Ich habe solche Sauen und ihre Ferkel in einem Bio-Betrieb erlebt: Es ist ein äußerst beeindruckendes Bild, wenn sich ein über einhundert Kilo schweres Tier langsam und sehr vorsichtig zur Seite legt und sofort wieder hochschnellt, wenn sie unter sich ein Ferkel spürt.

Aber zurück zu unserem Bauern: Verglichen mit den Tierfabriken in Niedersachsen und den Niederlanden, wo einzelne Betriebe 65 000 Schweine auf einmal mästen, ist der Hof in Norddeutschland mit etwa 2000 Tieren pro Jahr eher klein. Nach Alter sortiert wachsen hier 600 Schweine gleichzeitig zur Schlachtreife heran. Die Ringelschwänze werden ihnen schon als vier Tage alte Ferkel abgeschnitten: In den monotonen Mastställen ohne Freilauf und Abwechslung würden sie sich diese sonst gegenseitig abkauen, aus purer Langeweile. Auch hier überall der sogenannte Vollspaltenboden, wo die Tiere das Ausmisten gewissermaßen selbst übernehmen, mit ihren Hufen. Gerade für Schweine ist das schlimm – in der Natur würde ein Schwein niemals am gleichen Ort fressen, schlafen und sein Geschäft verrichten. Hier schlafen die rangniedrigeren Schweine der Gruppe buchstäblich auf der Toilette.

Tabelle 7: Haltungsbedingungen für Mastschweine

	Besatzdichte	Ausstattung des Stalls
Konventionelle Haltung	je nach Gewicht 0,5–1 m²/Schwein	Vollspaltenboden erlaubt
EU-Bio-Siegel	je nach Gewicht 0,8–1,3 m²/Schwein, systematisches Kupieren der Schwänze nicht erlaubt	max. 50 % Spaltenboden, eingestreute Liegefläche
Bioland	je nach Gewicht 0,8–1,5 m²/Schwein, Kupieren der Schwänze und Abschleifen der Zähne nicht erlaubt	Stroh im Stall, getrennte Liege- und Kotflächen, keine Vollspaltenböden
Naturland	je nach Gewicht 0,8–1,5 m²/Schwein, Kupieren der Schwänze und Abschleifen der Zähne nicht erlaubt.	max. 50 % Spaltenboden, eingestreute Liegefläche, Wühlmöglichkeit
Demeter	je nach Gewicht 0,8–1,5 m²/Schwein, Kupieren der Schwänze und Abschleifen der Zähne nicht erlaubt	max. 50 % Spaltenboden, eingestreute Liegefläche
Neuland	je nach Gewicht 0,5-1,6 m²/Schwein, Kupieren der Schwänze nicht erlaubt, maximal 950 Tiere/Betrieb	kein Spaltenboden, bodendeckende Einstreu, getrennte Funktionsbereiche

Freifläche	Schlachtalter	Muttersauen	Ferkelaufzucht
---	keine Vorgabe, in der Regel 160–180 Tage	während der Säugephase Fixierung im Ferkelschutzkorb	Absetzen der Ferkel nach 21–28 Tagen.
je nach Gewicht 0,6–1,0 m² / Schwein	keine Vorgabe	keine Fixierung im Ferkelschutzkorb	Absetzen der Ferkel frühestens nach 40 Tagen, Gruppensäuge- verfahren (mit mehreren Sauen) zulässig
je nach Gewicht 0,6–1,2 m² / Schwein	keine Vorgabe	keine Fixierung im Ferkelschutzkorb	Absetzen der Ferkel frühestens nach 40 Tagen, Gruppensäuge- verfahren (mit mehreren Sauen) zulässig
je nach Gewicht 0,6–1,2 m² / Schwein	250 Tage, 110–130 kg Schlachtgewicht	Sauen müssen in Gruppen gehalten werden und dürfen nur zur Geburt kurzzeitig fixiert werden	Ferkel müssen mindestens 40 Tage natürliche Milch bekommen, bevorzugt von der Muttersau
je nach Gewicht 0,6–1,2 m² / Schwein	keine Vorgabe	keine Fixierung im Ferkelschutzkorb	Ferkel müssen mindestens 40 Tage natürliche Milch bekommen, bevorzugt von der Muttersau
je nach Gewicht 0,3–0,8 m² / Schwein	keine Vorgabe	Fixierung im Ferkelschutzkorb maximal 10 Tage	Absetzen der Ferkel frühestens nach 35 Tagen

Ähnlich wie Hühner haben auch Schweine eine erstaunliche Zuchtentwicklung hinter sich. Als ich vor ein paar Jahren auf einem westafrikanischen Bauernhof drehte, staunte der Landwirt dort nicht schlecht, als ich ihm erzählt habe, wie schnell ein deutsches Mastschwein ausgewachsen ist: nach etwa hundert Tagen. Sein afrikanischer Artgenosse, ein ganz normales Hausschwein, braucht dafür die dreifache Zeit. Den europäischen Turboschweinen wurden mit der Zeit allerdings nicht nur zusätzliche Rippen angezüchtet, damit das Schwein mehr Koteletts liefert, sondern auch eine hohe Stressanfälligkeit. Als wir den Stall besichtigen, in dem die fast schlachtreifen Schweine leben, reagieren die auf zwei Besucher plus Kamerateam geradezu panisch. Hundert Kilo schwere Tiere, die hysterisch aufspringen: ein chaotisches Bild – denn in diesem Endstadium der Mast hat jedes Schwein weniger als einen Quadratmeter Stallfläche zur Verfügung.

Interessanterweise war auch unser Bauer mit all dem nicht besonders glücklich. Der Mann verstand etwas von seinem Geschäft und räumte sofort ein, dass Stroh im Stall oder mehr Platz natürlich besser wären für die Tiere. Aber, so sagte er auch, resignierend: dann müsste sein Fleisch auch mehr kosten. Und das gebe der Markt nicht her!

Putenfleisch – eine Alternative?

Eigentlich war der deutsche Sprachraum traditionell keine Region, wo Puten und Truthähne im Speiseplan eine große Rolle spielen. In den vergangenen Jahren hat sich das allerdings geändert: Auf wundersame Weise wurde Putenfleisch plötzlich zur Lieblingsspeise vor allem weiblicher Esser. Der Salat mit Putenbruststreifen mutierte zum Standardessen figurbewusster Großstädterinnen, und Putenwiener fühlen sich für junge Eltern irgendwie besser an als die klassische schweinerne

Knackwurst. Tatsache ist, dass das Fleisch des gewichtigeren Verwandten des Brathähnchens ähnlich fettarm ist wie Hühnerfleisch. Und die Brustfilets sind dank ihrer Größe praktisch im Handling und deshalb bei Köchen beliebt.

Die schlechte Nachricht: Pute ist tatsächlich das Fleisch, dass man mit gutem Gewissen kaum essen kann. Weil hier die Diskrepanz zwischen dem Tier, wie es die Evolution einst geschaffen hat, und den Fleischlieferanten, die unsere Mastställe bevölkern, in besonderem Ausmaß pervertiert ist. Eine »echte« Pute eignet sich schlecht für die Mast: Sie flattert auf Bäume, ist viel in Bewegung, setzt extrem langsam Fleisch an und macht die kommerzielle Verwertung ihres Körpers wenig lukrativ. Das war so, bis es findigen Genetikern gelungen ist, Tiere zu züchten, die derartig rasant Brustfleisch ansetzen, dass sie beim Gehen nach vorne kippen. Ende der 1990er-Jahre konnte ich Filmmaterial der BBC sichten: Es zeigte Puten, die kaum noch gehen konnten, weil ihr gewinnbringendstes Körperteil so überdimensioniert war. Ein Exzess vielleicht, doch bis heute filmen Tierschützer immer wieder ähnliche Bilder. Weil es, anders als bei Schweinen oder Hühnern, keine separaten Bio-Zuchtlinien gibt, die wenigstens halbwegs ökonomisch mästbar wären, arbeiten die meisten Bio-Landwirte, die Puten halten, nur mit weiblichen Tieren – die wachsen nicht ganz so rasant zu Brustfleischmonstern heran.

Der Bauckhof in der Lüneburger Heide gehört zu den Pionieren des ökologischen Landbaus. Wegen dieser Problematik hat der Demeterhof vor ein paar Jahren die Putenmast komplett aufgegeben. Seit Anfang 2014 versuchen sich die Bio-Mäster wieder an der Pute, mit einer speziellen Rasse, die viel weniger schwer wird, in Zusammenarbeit mit dem Institut für ökologische Agrarwissenschaften Uni Kassel. Ob das langfristig eine Alternative für Putenfleischfans wird, muss sich erweisen.

Tabelle 8: Haltungsbedingungen für Mastputen

	Besatzdichte	Ausstattung des Stalls
Konventionelle Haltung	3 Hennen/m², 2,5 Hähne/m², Schnäbelkürzen erlaubt	Beschäftigungsmaterial, eine Strukturierung des Stalls wird empfohlen
EU-Bio-Siegel	Max. 21 kg Lebendgewicht/m², Schnäbel dürfen nicht beschnitten werden	Sitzstangen, Einstreu, Scharrbereich
Bioland	1,5 Hennen/m², 1,2 Hähne/m², Schnäbel dürfen nicht beschnitten werden	verschiedene Strukturelemente, angeschlossener Wintergarten oder befestigter Laufhof, erhöhte Ebenen im Stall
Naturland	2 Hennen/m², 1,5 Hähne/m², Schnäbel dürfen nicht beschnitten werden	Sitzstangen, Strohballen
Demeter	Max. 21 kg Lebendgewicht/m², Schnäbel dürfen nicht beschnitten werden	2/3 Scharrfläche, Sitzstangen für 1/3 der Tiere, Strukturelemente

Freifläche	Maximale Betriebsgröße	Mutterputen	Aufzucht
nicht vorgeschrieben, wenn eine Freifläche vorhanden ist, darf die Besatzdichte erhöht werden.	---	---	keine Vorgabe, in der Regel 98 Tage (Hennen) 10–15 kg Schlachtgewicht, 133 Tage (Hähne) 20–22 kg Schlachtgewicht
10 m²/Tier	---	2500 Tiere/Stall	140 Tage
10 m²/Tier	max. 1600 m² Stallfläche/ Betrieb	2500 Tiere/Stall, 5000 Tiere/ Gebäude	100 Tage (Hennen), 140 Tage (Hähne)
10 m²/Tier, Schlechtwetterauslauf	---	2500 Tiere/Stall	105 Tage (Hennen) 9–12 kg Schlachtgewicht, 140 Tage (Hähne) 14–18 kg Schlachtgewicht
10 m²/Tier, Schlechtwetterauslauf	---	1000 Tiere/Stall	140 Tage

Wie »Premium« ist Rindfleisch?

Rindfleisch ist ein teures Produkt und hat für viele noch immer jenen Festtagscharakter, den Fleisch einst generell hatte. Ein tolles Steak gehört zu den Leibgerichten von uns Deutschen. Bei Rindfleisch ist der preisliche Abstand zwischen

Tabelle 9: Haltungsbedingungen für Mastrinder

	Besatzdichte	Ausstattung des Stalls
Konventionelle Haltung	pro Mastrind (ab 600 kg) 3 m² Stallfläche als Richtwert	Beton- oder Vollspaltenboden, Einstreu nicht vorgeschrieben
EU-Bio-Siegel	pro Mastrind (ab 350 kg) mind. 5 m²	Mindestens die Hälfte der Stallfläche darf nicht aus Spaltenböden oder Gitterroste bestehen, Anbindehaltung bei Kleinbetrieben mit Ausnahmegenehmigung möglich
Bioland	pro Mastrind (ab 350 kg) mind. 5 m² Stallfläche, max. 2 Rinder/Hektar Betriebsfläche	Stroh oder Sägemehl-Einstreu, Vollspalten sind verboten
Naturland	pro Mastrind (ab 350 kg) mind. 5 m² Stallfläche, max. 2 Rinder/Hektar Betriebsfläche	Ausreichend Bewegungsraum, ein trockener, weicher und mit natürlicher Einstreu versehener Liegeplatz im Stall
Demeter	pro Mastrind (ab 350 kg) mind. 5 m² Stallfläche, max. 2 Rinder/Hektar Betriebsfläche	EU
Neuland	1 m² Stallfläche/100 kg.	Anbindehaltung verboten, Stroh, kein Vollspaltenboden

Konventionell und Bio weniger groß, weil sich die Rindermast weniger gut »industrialisieren« lässt. Das hängt mit der
längeren Lebenszeit der Masttiere zusammen: Ein Tier, das
fast ein Jahr benötigt, bis es zur Schlachtreife ausgewachsen
ist, wäre anfälliger für schlechte Behandlung. In Maßen jedenfalls.

Freifläche	Kälberhaltung	Transport zum Schlachthof
nicht vorgeschrieben	Milchaustauscher zulässig	keine Vorgabe
pro Mastrind (ab 350 kg) mind. 3,7 m²	Milchaustauscher nicht zulässig	keine Regelung
so oft wie möglich Weidegang	3 Monate Muttermilch	maximal 4 Stunden und 200 km
so oft wie möglich Weidegang	90 Tage Muttermilch	maximal 4 Stunden und 200 km.
EU	EU	Transport so kurz wie möglich, max. 200 km
1,2 m²/100 kg, ständig zugänglicher Auslauf, 120 Weidetage/ Jahr	Kälber bleiben 6 bis 8 Monate bei der Kuh	maximal 4 Stunden und 200 km, Fahrzeuge eingestreut

Die Missstände bei Schweine- und Geflügelfleisch sind ganz sicher gravierender, was sich am größeren Preisunterschied ablesen lässt. Wirklich gut ist die Situation für das typische konventionelle Mastrind jedoch auch nicht: kein Auslauf, keine frische Wiese, Vollspaltenboden, möglichst wenig Bewegung, damit die Futterkalorien ins Fleisch wandern und nicht in unnötige Bewegungsenergie und so weiter – ich muss mich leider wiederholen. Ähnlich wie bei der Milch sind auch bei der Rindermast Begriffe wie »Qualitätsfleisch« oder »Weidehaltung« nicht gesetzlich definiert. Ich kann mir als Erzeuger also selbst Kriterien zurechtschnitzen und selbst entscheiden, wie viel Freigang ich meinem Weiderind zugestehen möchte.

Im Supermarkt erschließt sich das uns Kunden kaum: Fast alle großen Handelsketten vermarkten ihr Fleisch unter Namen, die nach Gutshofidylle klingen. Bei Netto stammt es vom »Gut Ponholz«, Penny hat den »Mühlenhof« und Tengelmann den »Birkenhof«. Aldi Nord verkauft Fleisch und Wurst vom »Gut Drei Eichen« und vom »Güldenhof«, Norma von »Gut Langenhof« und »Gut Bartenhof«. Nur: Keines dieser Güter existiert wirklich!

Der Gesetzgeber schreibt vor, dass auf der Packung steht, in welchem Land das jeweilige Tier geboren, gemästet, geschlachtet und zerlegt wurde – vorausgesetzt das Fleisch ist nicht verarbeitet. Schon das Salzen von Hamburger-Pattys oder das Marinieren von Steaks genügt, und die Pflicht zur Herkunftskennzeichnung entfällt. Über die Art und Weise, wie das Tier gehalten wurde, muss der Hersteller gar nichts angeben. Und ähnlich wie bei der Milch verrät der Veterinärstempel auch hier nichts über den Herkunftshof, sondern zeigt nur an, wo das Steak oder der Braten zuletzt bearbeitet – womöglich also nur verpackt – wurde.

Veterinär Dr. Michael Marahrens vom Friedrich-Löffler-Institut findet die Haltung von Mastbullen in engen Boxen nicht vertretbar: »Auf der Weide grast das Rind bis zu zehn

Stunden«, sagt er. »Es bewegt sich dabei langsam vorwärts, so kommen bis zu zwölf Kilometer am Tag zusammen. Natürlich kann in einem Stall diesen Bewegungsanforderungen nicht entsprochen werden: Da bewegt sich das Tier vielleicht noch 600 Meter am Tag. Dadurch entstehen Schäden am Bewegungsapparat.«

Die fröhlichen McDonald's-Kühe

Eine Zeit lang warb der amerikanische Fastfoodriese mit Szenen wie aus einem Heimatfilm: fröhliche Kühe, die possierlich über eine Almenweide tollten, gülden beschienen von der Abendsonne. Die Botschaft: Wir verwenden regionales Rindfleisch. Für die Lebensmittelchecks mit Tim Mälzer haben wir das 2014 überprüft. Überraschendes Resultat: stimmt! Also, der Teil, bei dem es um die räumliche Herkunft geht. Tatsächlich verarbeitete der Lieferant der Burgerbuletten damals bayerisches Fleisch. Aber die Sache hatte trotzdem einen Haken.

Güteklassen bei Fleisch

Fleisch wird in vier Güteklassen eingeteilt, die vorwiegend durch den Fett-, Knochen- und Knorpelanteil bestimmt werden.

1. Güte: zum Beispiel Rippenbraten (Rind), Rippenstück und Schinken (Schwein), Keule (Kalb), Rücken und Keule (Schaf).

2. Güte: zum Beispiel Mittelbrust (Rind), Kamm und Bruststück (Schwein), Rücken und Kamm (Kalb), Bug (Schaf).

3. Güte: zum Beispiel Brustkern und Kamm (Rind), Bauch (Schwein), Hals und Bauch (Kalb), Hals und Brust (Schaf).

4. Güte: zum Beispiel Querrippenstück (Rind), Kopf (Schwein), Kopf (Kalb).

Daneben gibt es etwa bei Schweinefleisch eine Unterteilung nach dem Magerfleischanteil in die Klassen S, E, U, R, O und P, wobei S die höchste Klasse ist.

Die Güteklassen beim Fleisch sagen etwas über die Qualität des Nahrungsmittels aus, nicht über die Qualität der Erzeugung oder über die Lebensbedingungen der Tiere. Auch sogenanntes PSE-Fleisch (pale = blass, soft = weich und exudative = wässrig) wird dadurch nicht ausgewiesen. Dieses Phänomen entsteht durch erhöhte Milchsäureausschüttung, die durch Stress beim Schlachtvorgang ausgelöst wird. Das Fleisch verliert später beim Garen viel Wasser und wird hart und zäh.

Rindfleisch wird in verschiedene Kategorien eingeteilt:

- Kalbfleisch (V) stammt von Tieren, die maximal acht Monate alt sind.

- Jungrindfleisch (Z) bezeichnet Fleisch von Kälbern zwischen acht und zwölf Monaten.

- Jungbullenfleisch (A) ist das Fleisch von ausgewachsenen, jungen, männlichen, nicht kastrierten Tieren, die weniger als zwei Jahre alt sind.

- Bullenfleisch (B) wird Fleisch von ausgewachsenen, männlichen, nicht kastrierten Tieren genannt, die älter als zwei Jahre sind.

- Als Ochsenfleisch (C) wird Fleisch von ausgewachsenen, männlichen, kastrierten Tieren bezeichnet.

- Färsenfleisch (E) nennt man Fleisch von ausgewachsenen weiblichen Tieren, die noch nicht gekalbt haben.

- Kuhfleisch (D) ist Fleisch von ausgewachsenen weiblichen Tieren, die bereits gekalbt haben – dieses Fleisch kommt vorwiegend als Hackfleisch in den Handel und wird in der Regel nicht explizit so ausgewiesen, sondern heißt schlicht Rindfleisch.

Hackfleisch stammt in der Regel von ausgemusterten Milchkühen. Daran ist zunächst einmal nichts Verwerfliches – im Sinne eines nachhaltigen Umgangs mit Ressourcen ist es ja gut, dass die Kühe nach ihrer Schlachtung noch einer Nutzung zugeführt werden. Fast ein Drittel des Rindfleischs, das wir in Deutschland essen, war zu Lebzeiten eine Milchkuh. Nun lebten im Einzugsgebiet der Fleischfabrik, von der McDonald's seine Fleisch-Pattys bezieht, zum Zeitpunkt unserer Recherchen ein Drittel der Kühe ganzjährig in Anbindehaltung. Das ist dann doch sehr weit weg vom Bild der munter spielenden Kühe im Abendlicht… Tim Mälzer bekam damals, nach langem Drängen und mehreren Absagen, die Chance, den Fastfoodriesen mit diesem Problem zu konfrontieren – mit seinem Unbehagen, wenn diese großen Tiere ihr Leben lang fixiert sind. Der Pressesprecher schob den schwarzen Peter dem Kunden zu: »Wenn die Stimme des Verbrauchers lauter wird und kundtut, dass er bereit ist, für ein Mehr an Tierwohl auch einen höheren Preis zu zahlen, dann ist McDonald's sicher der Letzte, der nicht an der Stelle sagt, klar, wir wollen eine Lösung im Sinne des Verbrauchers.« Ein beliebtes Muster: Wir Kunden werden bewusst im Unklaren gelassen, wie unsere Fleischlieferanten gelebt haben, oder mit schönfärbenden Produktbezeichnungen oder Werbebildern sogar in die Irre geführt. Um dann zu hören, dass wir es ja gar nicht anders wollen.

Tierschutzlabel – Ausweg oder Etikettenschwindel?

Seit Anfang 2013 gibt es in deutschen Supermärkten – vereinzelt – Fleisch zu kaufen, das sich preislich zwischen den konventionellen Angeboten und dem teuren Bio-Fleisch positioniert. Unter dem Namen »Für mehr Tierschutz«, zertifiziert vom deutschen Tierschutzbund und in Zusammenarbeit mit Fleischerzeugern und dem Handel, wurden zwei Stufen geschaffen – Einstieg und Premium –, die die Haltungsbedingungen wenigstens etwas verbessern sollen.

Das Label umfasste zunächst Hähnchenfleisch der Einstiegsstufe und Schweinefleisch in den Stufen Einstieg und Premium, später dann auch Eier und Milch. Von der damaligen Landwirtschaftsministerin Ilse Aigner wurde das als großer Fortschritt verkauft: Endlich gebe es eine preiswertere Alternative für Tierfreunde, denen Bio zu teuer sei.

Für die Sendung »quer« im Bayerischen Fernsehen war ich damals beim Pressetermin in einem Schweinestall irgendwo in Niedersachsen. Wie es der Zufall wollte, übertraf der Bauer dort die Kriterien der Einstiegsstufe – ein Vorzeigebetrieb, natürlich …

Dennoch war der Besuch aufschlussreich: Denn ich traf dort Lars Schrader, der Leiter der Abteilung Tierhaltung und Tierschutz des Friedrich-Löffler-Instituts in Celle war als wissenschaftlicher Vertreter an der Erarbeitung der Kriterien für das Tierschutzlabel beteiligt. Und trotzdem nur sehr gebremst optimistisch: »Natürlich ist das immer noch weit entfernt von einer wirklich tiergerechten Haltung«, sagte er mir. »Aber ich bin grundsätzlich über alles froh, was das Leben von Masttieren irgendwie verbessert.« Besser, aber eben nicht gut. Denn die Einstiegsstufe beinhaltete zwar deutlich mehr Tierschutz, als der gesetzliche Mindeststandard vorsieht – aber eben zum Beispiel keinen Auslauf im Freien. Die Premiumstufe erreicht bei einigen Kriterien fast Bio-Standard – allerdings entfällt die Begrenzung der Tierzahl pro Hektar und das Bio-Futter. Dafür gehen die Anforderungen beim Tiertransport und der Schlachtung über die Bio-Richtlinien hinaus. Also ein Schritt in die richtige Richtung?

Der wäre es vermutlich, wenn es denn diese Produkte großflächig zu kaufen gäbe und sie entschlossen vermarktet wür-

Tabelle 10: Tierschutzlabels

	NEULAND / FÜR MEHR TIERSCHUTZ		INITIATIVE TIERWOHL
Wer steckt dahinter?	Trägerverbände sind der Deutsche Tierschutzbund, der BUND und die Arbeitsgemeinschaft bäuerliche Landwirtschaft.	Träger ist der Deutsche Tierschutzbund. Im Beirat sitzen PHW Gruppe/ Wiesenhof, Vion GmbH, Neuland, die Unis Göttingen und Kassel, das Friedrich-Löffler-Institut, der Lebensmitteleinzelhandel (Edeka, tegut), die Evangelische Kirche und Verbrauchervertreter.	Das Programm wird finanziert durch die vier großen Handelsketten Aldi, Lidl, Edeka und Rewe.
Wie wird kontrolliert?	Eine externe Kontrollstelle der Gesellschaft für Ressourcenschutz überprüft die Neuland-Betriebe. Die Kontrollen erfolgen unangemeldet mindestens einmal im Jahr.	Zertifizierung und Kontrolle durch unabhängige Kontrolleure vor Ort. Die sollen die jeweiligen Landwirte unangemeldet überprüfen. Häufigkeit und Dauer der Kontrollen hängen von der Risikobewertung des Betriebes durch die Zertifizierungsstelle ab.	Die Einhaltung der Grundanforderungen sowie der Tierwohl-Kriterien wird von Tränkewasser- und Stallklimaexperten sowie von neutralen Zertifizierungsstellen überwacht. Diese Prüfer führen unabhängige Kontrollen durch.
Was bringt das?	In der Hoffnung, dass die Kontrolldefizite der Vergangenheit Geschichte sind: Die Kriterien sind teilweise sogar strenger als bei Bio-Fleisch.	Nur in der Premiumstufe sind die Verbesserungen in Sachen Tiergerechtigkeit wirklich substanziell.	Der Kunde kann nicht herausfinden, ob das Fleisch tatsächlich von glücklicheren Tieren stammt. Der Anteil der zertifizierten Betriebe ist sehr gering.

den. Tatsächlich jedoch ist die Resonanz beim Handel relativ überschaubar: Als ich zum Beispiel auf der Homepage des Labels nach dem nächstgelegenen Supermarkt suche, in dem ich demzufolge Tierschutzkoteletts kaufen könnte, ist der fast dreißig Kilometer entfernt. Und ich wohne in München, wo es viele Geschäfte und auch sicher ausreichend zahlungskräftige Kundschaft mit einem Herz für glückliche Schweine gäbe, wenn der Handel dieses Fleisch ernsthaft verkaufen wollte.[38]

Der Verein Neuland betreibt ein sogenanntes Markenfleischprogramm mit Kriterien für die Tierhaltung, die denen der deutschen Bio-Anbauverbände ähneln, was Auslauf beziehungsweise Weidegang betrifft. Das Futter muss aus Deutschland stammen und gentechnikfrei erzeugt sein, allerdings nicht aus ökologischem Anbau. 2014 deckten Reporter des Wochenblatts *Die Zeit* allerdings auf, dass der damalige Hauptlieferant für Geflügel im großen Stil konventionelle Hühner mit Neuland-Siegel verkauft hatte[39] – danach brach das Geschäft massiv ein. Seit 2015 kontrollieren nun externe Fachleute die Einhaltung der Kriterien und sollen so die Qualität künftig sicherstellen.[40]

Und dann ist da noch die Initiative Tierwohl, eine gemeinsame Aktion der Landwirtschaft, der Fleischwirtschaft und der vier großen Handelsketten Aldi, Lidl, Rewe und Edeka. Dieses Label ist ein besonders ärgerliches Beispiel für »Greenwashing«, also dafür, wie mit unserem Bedürfnis nach besseren Lebensmitteln Geld verdient wird, ohne dass dem ein echter Gegenwert gegenübersteht. Die teilnehmenden Lebensmittelhändler führen vier Cent pro verkauftem Kilo Schweine- oder Geflügelfleisch an die Initiative Tierwohl ab. Damit werden

---

38 https://www.tierschutzlabel.info/home/

39 http://www.zeit.de/2014/17/neuland-gefluegel-massentierhaltung

40 Die Stiftung Warentest bietet im Internet eine ausführliche Tabelle, wo das EU-Bio-Siegel, Neuland und das Tierschutzlabel verglichen werden: https://www.test.de/Tierschutz-Tierschutz-Logos-im-Vergleich-4497858-4497874/

Mehrkosten finanziert, die die tiergerechtere Haltung bei den teilnehmenden Landwirten verursacht.

Mehr Tierschutz für nur vier Cent pro Kilo? Das klingt viel zu schön, um wahr zu sein. Und es ist auch gar nicht wahr. Denn die Zahl der Höfe, auf denen sich etwas für die Tiere ändert, ist verschwindend gering: 2016 waren es nach Angaben der Initiative auf ihrer Homepage ganze 3270 – eine sehr überschaubare Zahl angesichts von mehr als 185 000 Bauernhöfen in Deutschland, die zu diesem Zeitpunkt Nutztiere gehalten haben.[41] Und wir dürfen davon ausgehen, dass das nicht die Großbetriebe sind. Daran soll sich auch nichts ändern – die Zahl der Plätze im Programm für tiergerechtere Ställe ist begrenzt. Als Kunde kann ich zudem weiterhin nicht herausfinden, wie das Schwein gehalten wurde, dessen Kotelett ich gerade kaufe – eine Kennzeichnung des Fleischs aus teilnehmenden Betrieben findet nicht statt. Vermutlich bewusst – sonst würde ja schnell offensichtlich, dass die vier Cent mehr zur Beruhigung des eigenen Gewissens dienen sollen als zur tatsächlichen Verbesserung der Lebensbedingungen in der Tiermast.

Matthias Wolfschmidt von der Verbraucherschutzorganisation Foodwatch ärgert sich, dass der Gesetzgeber ein solches Vorgehen toleriert: »Wir haben Tierschutz im Grundgesetz stehen, jedes einzelne Tier ist durch die Verfassung geschützt, zumindest auf dem Papier«, stellt er fest. Der Weg, den der Gesetzgeber gehen müsse, sei vielmehr zu sagen: Lieber Handel, es ist illegal, Fleisch zu verkaufen, das nicht von einem Betrieb stammt, wo die Tiere bestimmte Bedingungen genießen. »Und zudem sollten sie auch noch gesund gewesen sein, anhand der objektiven Parameter, die wir aus dem Schlachtbereich kennen«, sagt Wolfschmidt. Stattdessen hat Christian Schmidt von der CSU, der während ich schreibe

---

41 Situationsbericht 2017/18 des Deutschen Bauernverbandes, S. 78.

noch Bundeslandwirtschaftsminister ist, ein weiteres, diesmal staatliches Tierwohllabel initiiert – mit noch schwächeren Schutzvorgaben, als das Label »Für mehr Tierschutz« vorsieht. Das Staatslabel schaffte es wegen der breiten Kritik von Tier- und Verbraucherschutzverbänden nicht mehr in den Gesetzgebungsprozess der laufenden Legislaturperiode. Es bleibt spannend, ob die nächste Regierung sich daranmacht, das Grundgesetz in Sachen Tierschutz aktiv umzusetzen.

Das bittere Ende

Egal wie gut ein Tier zu Lebzeiten gehalten wurde – damit es zum Sonntagsbraten werden kann, muss es irgendwann geschlachtet werden. Die Vorgaben im Tierschutzgesetz sind hier ziemlich eindeutig: In Paragraph 1 heißt es: »Niemand darf einem Tier ohne vernünftigen Grund Schmerzen, Leiden oder Schäden zufügen.«[42] Fleischerzeugung gilt grundsätzlich als »vernünftig« – vorausgesetzt, dass beim Schlachten sachkundig vorgegangen und möglichst angst- und schmerzfrei für das Tier gearbeitet wird. Ohne Betäubung darf kein Tier geschlachtet werden.

Zu meinem Betriebsbesuch bei Wiesenhof gehörte damals auch ein Dreh im Schlachthof, einer gigantischen Anlage im niederbayerischen Bogen, mit einer Kapazität von 240 000 Hühnern pro Tag. Um diese vielen Hühner aus dem Schlachthof möglichst großflächig vermarkten zu können, hat das Unternehmen an wirklich alles gedacht: So blicken die Hühner in Richtung Mekka, wenn Ihnen eine Apparatur die Kehlen aufschlitzt und alle Mitarbeiter im unmittelbaren Schlachtungsbereich sind Moslems – so haben die Wiesenhof-Hähnchen sogar die Halal-Freigabe des örtlichen Imams …

---

42 https://www.gesetze-im-internet.de/tierschg/BJNR012770972.html

Laut Tierschutzgesetz müssen die Tiere wie schon erwähnt betäubt werden. Hier geschieht das in einer Art Tunnel mit Kohlenmonoxid. Der Tunnel hat ein Sichtfenster, und das beschert mir einen verstörenden Moment: Denn der Gasgehalt steigt nicht langsam, die Tiere schlafen nicht einfach ein. Deutlich ist zu sehen, wie die Hühner panisch nach Luft schnappen, als das Kohlenmonoxid schlagartig einströmt. In diesen Sekunden geht es ihnen sichtlich nicht gut. Das kann man nicht so schlimm finden, kurz darauf sind sie ja ohnehin tot. Mir aber hat das kein gutes Gefühl vermittelt. Bei Schweinen würde diese Methode nicht funktionieren – da leidet die Fleischqualität unter Stress. Deshalb fahren die in einer Art Fahrstuhl ins Gas und werden langsam betäubt. Pech für die Gattung Huhn, dass ihr Fleisch von Panikattacken nicht beeinträchtigt wird.

In deutschen Schlachthöfen liegt vieles im Argen, und auch das hat wieder mit dem enormen Preisdruck zu tun. Fleischhauerkolonnen aus Rumänien, die zum rumänischen Mindestlohn von 170 Euro im Monat im Akkord schlachten, Tiere, die nicht ausreichend betäubt waren oder bei denen der Schnitt durch die Kehle nicht gesessen hatte und die noch lebend in den Brühkessel gewandert sind – viele unschöne Beispiele haben in den vergangenen Jahren Schlagzeilen gemacht. Auch holländische oder dänische Erzeuger haben in Deutschland schlachten lassen, weil es bei uns so viel billiger ging als anderswo in Europa. Und auch bio-zertifizierte Schlachthöfe waren unter den Negativbeispielen.

Eigentlich weiß man genau, wie es richtig geht: In den USA hat die Forscherin Temple Grandin, eine Autistin mit der besonderen Fähigkeit, sich in Tiere hineinzuversetzen, ein System der Einrichtung und Überprüfung von Schlachthöfen entwickelt, das ein humanes, angstfreies, schmerzloses Schlachten ermöglichen soll. Sie hat auch das deutsche System in Augenschein genommen, mit einer klaren Diagnose:

Bei einem Vortrag im hessischen Landtag 2014 erklärte sie, dass das Grundproblem der deutschen Schlachtbetriebe die Pro-Kopf-Bezahlung des Personals sei: »Diese Bezahlung führt zu schlechter Behandlung der Tiere.« Tierfreundlicher wäre eine Bezahlung nach Arbeitszeit.[43]

2016 hat die Tiermedizinerin Dr. Tanya Reymann von der Münchener Ludwig-Maximilians-Universität ihre Doktorarbeit über Tierschutz in Schlachthöfen geschrieben und dafür in zwölf Monaten zwanzig der größten bayerischen Betriebe analysiert. Ihr Fazit: »Die Autorin ist der Meinung, dass der Tierschutz in Schlachtbetrieben deutlich verbessert werden kann, und auf Grund der ihr vorgestellten, im Rahmen dieser Arbeit aufgedeckten erheblichen Defizite auch dringend verbessert werden muss.« Und sie fährt fort, dass – wie von Temple Grandin angeregt – »die Entlohnung dort, wo sie noch nicht nach Zeit erfolgt, umgestellt und in jedem Fall das Personal ausgewählt und motiviert werden sollte, im Sinne der Tiere zu agieren«. Eine zentrale Bedingung sei dabei, dass die Mitarbeiter die Fähigkeit zu Empathie besäßen: »Dies sollte ein wichtiges Einstellungskriterium sein, denn nur wenn der Wille da ist, den gesamten Schlachtprozess tierschutzgerecht durchzuführen, kann alles andere gelernt und geschult werden.«[44]

Wieder sind wir beim Thema Geld: Billiges Fleisch ist fast zwangsläufig das Produkt von Tierquälerei. Als Verbraucher bleibt mir da eigentlich nur eine Konsequenz: Ich muss wissen, wo mein Fleisch herkommt. Natürlich kann ich nicht selbst herausfinden, wie der Schlachthof, von dem mein Schnitzel stammt, seine Mitarbeiter bezahlt. Deshalb brauche ich eine Einkaufsquelle mit kompetenten Gesprächspartnern, die mir zur Art der Schlachtung Auskunft geben können und dazu, wie dort gearbeitet wird.

---

43 https://tierschutz.hessen.de/nutztiere/temple-grandin-wiesbaden

44 https://edoc.ub.uni-muenchen.de/19189/1/Reymann_Tanya.pdf, S. 210.

Gerade am Ende des Tierlebens ist Zeit ein ganz wichtiger Faktor: Kann ein ausgebildeter Schlachter in Ruhe das Tier so töten, dass es nicht leidet und am besten nicht mal mitbekommt, was geschieht? Oder muss ein unterbezahlter Wanderarbeiter zusehen, dass er seinen Stücklohn schafft? Es gibt viele Biobetriebe, die entweder selbst schlachten oder zumindest sehr genau darauf achten, was mit ihren Tieren geschieht, und dafür gute Schlachthöfe auswählen. Aber das kostet eben – ich muss mich wiederholen – Geld.

Schummelpackung im Supermarkt

Zwei Drittel des Fleischs werden bei uns in Deutschland mittlerweile über Selbstbedienungstheken vermarktet. Und oft findet sich auf der Verpackung der Begriff: unter Schutzgas verpackt. Schutz – das klingt immer gut, ist in diesem Fall aber leider besonders schlecht: Denn diese Art Verpackung ist ein besonders perfider Trick, um uns Verbraucher hinters Licht zu führen. Der verwendete Sauerstoff macht das Fleisch unter der Folie schön rot, dummerweise aber auch zäh. Bei Hackfleisch, das viele Verbraucher nach dem Einkauf einfrieren, sorgt der Sauerstoff auf der großen Oberfläche, die die kleinen Fleischkrümel bieten, sogar dafür, dass das Fleisch – auch tiefgefroren – innerhalb weniger Tage ranzig wird. Besser sind Vakuumverpackungen – die sind zwar optisch weniger hübsch, schaden dafür aber nicht der Fleischqualität.

Doch auch die Vakuumpacks haben einen Nachteil: dann, wenn sie bei Rindfleisch dazu genutzt werden, das Fleisch reifen zu lassen. Es geht auch dabei – schon wieder – um das liebe Geld. Jedes Gramm mehr, das sich vermarkten lässt, steigert den Profit. Nun schmeckt Rindfleisch besser und wird zarter, wenn es nach der Schlachtung eine Weile abhängen darf –

mindestens 18 Tage, besser sogar drei bis vier Wochen. Diese Reifezeit ist ein Grund, warum gerade südamerikanisches Rindfleisch uns so gut schmeckt: Es hatte auf der Schiffsreise um die halbe Welt genug Zeit, zart zu werden. Beim Abhängen verliert das Fleisch allerdings Feuchtigkeit und damit Gewicht – bis zu 25 Prozent. Diesen Gewichtsverlust kann der Hersteller deutlich reduzieren, wenn er das Fleisch im Vakuum reifen lässt und so nicht nur Reifezeit einspart, sondern auch Gewicht gutmacht. Das so gewonnene Steak schmeckt dann allerdings auch deutlich weniger gut.

Warum muss Fleisch abhängen?

- Direkt nach dem Schlachten ist Fleisch praktisch ungenießbar. Die festen Muskelfasern machen das Fleisch extrem zäh. Der Muskel nimmt zudem kaum Flüssigkeit auf und würde beim Braten trocken bleiben.

- Abhängen ist eine Art kontrollierter Verwesung. Enzyme zersetzen dabei Faserstrukturen im Muskel. Dadurch wird das Fleisch zart und kann wieder mehr Feuchtigkeit binden.

- Wie lange Fleisch abhängen muss, ist von Tier zu Tier verschieden. Schweinefleisch benötigt maximal drei Tage. Kalb ist nach etwa einer Woche schön zart. Rind und Wild benötigen mehr als zwei Wochen.

- Gourmets schwören bei Rindfleisch auf noch ausgedehntere Reifeperioden. Dry Aged Beef gilt unter Fleischliebhabern als besondere Delikatesse. Dabei hängt Rindfleisch bis zu acht Wochen ab. Die Oberfläche verfärbt sich schwarz und wird von Schimmel befallen. Diese Kruste wird vor dem Verzehr abgeschnitten.

Hähnchenreste auf Reisen

Ein ideales Tier für den deutschen Markt hätte am besten fünf Filets und acht Beine, für möglichst viele Schnitzel aus der Keule. Beim Schwein ist es findigen Genetikern immerhin schon gelungen, den Mastrassen ein paar Rippen – sprich: Koteletts – mehr anzuzüchten. Doch jenseits dessen stattet die Natur unser Mastvieh immer noch mit etlichen Körperteilen aus, die in deutschen Supermärkten nicht so gut gehen. Am Extremsten ist das bei Hühnern. In meiner Kindheit war es üblich, ein Huhn ganz zu kaufen und zuzubereiten – damals mein absolutes Lieblingsgericht. Heute werden 85 Prozent der in Deutschland geschlachteten Hühner zerlegt vermarktet. Eine Hühnerbrust ist viel schneller gar, einzelne Keulen lassen sich viel leichter verarbeiten als ein ganzes Huhn, Zeit ist Geld ... das ist verständlich. Und weil das Fleisch so extrem billig ist, können wir es uns auch problemlos leisten, nur die Premiumstücke zu kaufen. Doch wohin mit dem Rest?

Wir reden hier von ungeheuren Mengen: Die Brust macht bei einem Huhn etwa 23 Prozent des Gesamtgewichts aus, die Keulen 33 Prozent. Die Flügel, die schon viel schwerer zu vermarkten sind, entsprechen 12 Prozent. Und schließlich das Gerippe, die sogenannte Karkasse: 32 Prozent des Huhns – fast ein Drittel des Schlachtgewichts! 2016 wurden in Deutschland 601 Millionen Masthühner geschlachtet, mit einem Gewicht von 1,53 Millionen Tonnen. 85 Prozent dieser Hühner werden für den Verkauf zerlegt: Es bleiben also Karkassen mit einem Gewicht von unglaublichen 489 000 Tonnen übrig. Daraus könnte man für jeden einzelnen deutschen Bundesbürger jeden Tag über sechs Liter Hühnerbrühe kochen – die in der Industrie aber inzwischen praktisch ohne Huhn produziert wird, aber dazu später mehr.

Auch Tierfutterhersteller können allenfalls einen kleinen Teil dieser Ausschussware verwerten. Den deutschen Geflügelherstellern beschert unser Konsumverhalten also ein immenses Entsorgungsproblem. Denn die Gerippe dürfen nicht einfach in die Tonne – sie gelten als Sondermüll. Angesichts der anfallenden Mengen ist leicht vorstellbar, was für ein unwillkommener Kostenfaktor das ist.

Dieses Problem lösten die Hersteller durch ein Geschäftsmodell, das ihnen diese Entsorgungskosten erspart, leider aber schlimme Folgen hat: Karkassen, Hähnchenrücken, Flügel – all das geht tiefgekühlt an Zwischenhändler, die die Hähnchenreste nach Westafrika verschiffen. Den Transport gibt es praktisch zum Nulltarif: Aus Westafrika bringen Kühlschiffe Fisch und tropische Früchte zu uns nach Europa. Statt leer zurückzufahren, nehmen sie das mit, was deutsche Kunden nicht haben wollen. Weil es hier ja gar nicht ums Geldverdienen geht, sondern ums Kostenvermeiden, ist es ziemlich egal, was die Hähnchenreste dabei einbringen. Auf den Märkten westafrikanischer Großstädte entlang der Küste werden die deutschen Hähnchenstücke folgerichtig zu Dumpingpreisen verramscht. 2012 waren es allein aus Deutschland über 42 Millionen Kilo Geflügel.

Billiges Essen für arme Afrikaner – das könnte doch ein toller Beitrag zur Ernährung sein? Ist es aber nicht. Im Dezember 2013 reise ich für das ZDF nach Liberia. Für die Reportagereihe »ZDFzoom« will ich herausfinden, was unsere Exporte in Afrika bewirken. Gleich am Hafen von Monrovia, der Hauptstadt Liberias, stoße ich das erste Mal auf deutsches Hähnchenfleisch: In einem Kühlhaus zeigt mir ein Angestellter Kartons der Wiesenhof-Tochter »Oldenburger Geflügelspezialitäten«. Der Lagerarbeiter hat allerdings keine hohe Meinung von Ware »Made in Germany«: »Die Verpackung der Produkte aus Deutschland ist meist sehr schlecht. Deshalb haben wir deutsches Fleisch eigentlich nicht so gern. Ansonsten gibt es kein Problem: Der Preis ist niedrig!«

Kein Wunder: Wo es in erster Linie um Entsorgung geht, ist für hochwertige Verpackung vielleicht kein Geld da. Verkauft werden unsere Hähnchenreste ohnehin offen: Überall in den Gassen der Märkte bieten Händler auf großen Tabletts importierte Hühnerteile an. Füße, Hälse, Rücken. Hochwertige Stücke wie Hähnchenbrust sehe ich nirgends. Bei 30 Grad Celsius im Schatten wäre lebendes Huhn eigentlich die einzig hygienisch sichere Art, Fleisch zu vermarkten: kaufen, schlachten, essen. Doch ich finde nur noch einen einzigen Stand mit lebenden Hühnern. Alle anderen haben längst aufgegeben – gegen die Kampfpreise des importierten Tiefkühlfleischs haben sie keine Chance. Hühnerzucht ist eigentlich ein klassisches Feld für Entwicklungshilfe: leicht zu lernen, schnelle Erfolge, Nahrungsmittelsicherheit. Aber in Westafrika funktioniert das nicht mehr. In Ghana ist die komplette heimische Geflügelerzeugung zusammengebrochen, im bürgerkriegsgeplagten Liberia kommt sie nicht wieder in Gang. Wer kauft ein einheimisches Huhn, wenn die Importware nur einen Bruchteil kostet?

Eine paradoxe Situation: Wir subventionieren unsere Landwirtschaft so, dass sie billigste Lebensmittel erzeugen kann. Unsere Überschüsse exportieren wir nach Afrika. Und dort versuchen wir dann, mit unserer Entwicklungshilfe die Folgen dieser Exportpolitik wieder aufzufangen. Ein besonders absurdes Beispiel dafür begegnet mir am Stadtrand von Monrovia. Auf dem Gelände eines Waisenhauses finanziert die PHW-Gruppe – also Wiesenhof – die Ausbildung von achtzig Waisen zu: Hühnerzüchtern! Stolz zeigen mir die Kinder dort ihre Ställe. Sie sind voller Hoffnung auf ein besseres Leben. Und ahnen nicht, dass sie mit ihren Kenntnissen wohl nicht viel verdienen werden – weil ihre Hühner mit den Fleischresten ihres Sponsors Wiesenhof und seiner Mitbewerber niemals konkurrieren können.

Unsere Ausreise aus Liberia wird spannend: Wir haben aus Deutschland eine Kühlbox aus Styropor und Spezialbehälter mitgebracht. Im ganzen Land kaufen wir auf Märkten Hähnchenfleisch ein. Die Hühnerfleischteile müssen ab dem Moment des Kaufs konstant bei unter acht Grad Celsius lagern, um den Keimstatus zum Zeitpunkt des Kaufs zu bewahren, bis sie das Labor in Deutschland erreichen. Tagelang hatte einer meiner Kollegen mit den bayerischen Behörden verhandelt. Hähnchenfleisch nach Afrika zu exportieren geht viel einfacher, als das Fleisch wieder in sein Ursprungsland zurückzubringen … Schließlich haben wir die Genehmigung, das Fleisch zu wissenschaftlichen Zwecken wieder einzuführen.

Morgens um sechs wird am Münchner Flughafen extra ein Amtstierarzt aus Erding herantelefoniert, der unsere Ladung überprüft und freigibt. Eine halbe Stunde später sind die Fleischproben beim Institut für Lebensmittelsicherheit der LMU. Im Hochsicherheitslabor lassen wir die Keimbelastung überprüfen. Prof. Manfred Gareis ist Fachtierarzt für Fleischhygiene und hatte schon oft Gammelfleisch unterm Mikroskop. Auch diesmal – alle 14 Tiefkühlfleischproben waren zum Zeitpunkt des Verkaufs auf dem Markt so keimbelastet, dass sie in Europa nicht mehr verkehrsfähig wären! Unser Experte hält das für einen Skandal: »Ich glaube, dass die Verantwortung, die wir in Europa haben gegenüber den Ländern in Afrika, wenn wir schon etwas exportieren, nicht damit abgeschlossen sein kann, dass wir nur ein Geschäft machen.«

Ich habe bei diesen Recherchen in Afrika Fleischprodukte von vielen deutschen Firmen gefunden, vor allem Geflügel, aber auch Schweinereste – Rückenknochen zum Beispiel. Keiner der Hersteller wollte damals mit mir über dieses Thema reden. Bis Juli 2013 hat die Europäische Union die Exporte von Hühnerresten nach Afrika sogar noch subventioniert – zumindest das wurde danach gestoppt. Aber mit ihren Zahlungen an deutsche Landwirte trägt die EU dazu bei, dass immer weiter massenhaft Fleisch produziert wird, für das es bei uns keinen Markt gibt.

Checkliste für mündige Fleischkäufer

▶ Preiswert und tiergerecht – das passt leider nie zusammen! Wer bei Fleisch auf Schnäppchenjagd geht, nimmt billigend in Kauf, dass der Lieferant des Abendessens gelitten hat!

▶ Eine Haltung, bei der Tiere nicht ins Freie dürfen, ist niemals tiergerecht. Kaufen Sie Fleisch deshalb nur dort, wo Sie zuverlässige Informationen über die Haltung der Tiere bekommen.

▶ Ein guter Metzger kann Ihnen sagen, von welchem Hof sein Fleisch stammt. Viele Höfe, die gut arbeiten, sind an Transparenz interessiert und zeigen ihre Ställe im Internet. Oder machen Sie Ihren Sonntagsausflug gelegentlich zur Recherchetour.

▶ Nur grasgefütterte Rinder sind klimafreundlich. »Weiderind« ist jedoch kein geschützter Begriff. Fragen Sie deshalb nach, wie die Rinder tatsächlich gehalten wurden.

▶ Fragen Sie, wo die Tiere geschlachtet werden und in welchen Stückzahlen dort gearbeitet wird. Ein guter Metzger sollte das wissen oder zumindest für Sie herausfinden können.

▶ Gut abgehangenes Rindfleisch ist kräftig dunkelrot bis braun und hat möglichst eine feine Fettmarmorierung. Graue Flecken auf Frischfleisch entstehen durch den Kontakt mit Sauerstoff und sind kein Hinweis auf altes Fleisch.

▶ Einfachster Qualitätscheck: Riecht ausgepacktes Fleisch streng, ist es verdorben.

▶ Fleisch aus Schutzgas-Packungen sollten Sie am besten gar nicht kaufen. Wenn doch, dann füllen Sie es zumindest immer um, bevor Sie es einfrieren. Je fetter das Fleisch, desto kürzer können Sie es einfrieren: fettes maximal sechs Monate, mageres Fleisch bis zu einem Jahr.

▶ Essen Sie lieber weniger, aber dafür hochwertigeres Fleisch von glücklichen Tieren. Wenn Sie Hähnchen mögen: Kaufen Sie ganze Hühner, statt nur die Brust – so leisten Sie aktiv Entwicklungshilfe für Afrika und vermeiden Fluchtursachen.

▶ Es muss nicht immer Filet oder Schnitzel sein. Eine Bioroulade ist billiger als ein konventionelles Steak. Schmorgerichte benötigen mehr Zeit bei der Zubereitung, dafür kann man sie gut auf Vorrat kochen und einfrieren.

6. Das dicke Ende der Wurst

Ein bayerischer Metzger aus einem Dorf vierzig Kilometer nördlich von München machte vor einiger Zeit eine bemerkenswerte Erfahrung: Nachdem er Fernsehkoch Tim Mälzer gezeigt hatte, wie in seinem Betrieb Schweine gemästet und zu Wurst verarbeitet werden, glühten bei ihm die Telefonleitungen. Aus ganz Deutschland riefen Kunden an, die sich erkundigten, ob man seine Cervelatwurst oder seinen Presssack auch online erwerben könne. Schleswig-Holsteiner wollten sich seinen hausgemachten Leberkäs schicken lassen, Rheinländer fragten nach Lyoner und Mett. Der Mann, Metzger mit Leib und Seele, freute sich über die Wertschätzung seiner Arbeit – und war zugleich völlig überfordert: Auf den massenhaften Versand seiner Würste war er nicht eingerichtet, und er wollte das auch gar nicht. Sein Betrieb ist eine klassische Dorfmetzgerei, wie es sie vor fünfzig Jahren in jeder Ortschaft gab: wo handwerklich solide gearbeitet wird. Wo die Schweine zwar nicht bio-zertifiziert sind, aber trotzdem ein tiergerechtes Leben führen, mit frischer Luft und Stroh. Wo in die Wurst die Zutaten hineinkommen, die schon der Großvater dieses Metzgers verwendet hätte.

Der Massenandrang auf die bayerische Dorfwurst von glücklichen Schweinen hat mir deutlich gezeigt, wie groß die Sehnsucht vieler Kunden nach Transparenz ist. Die Tatsache, dass sie gemeinsam mit Tim Mälzer hinter die Kulissen dieser Metzgerei blicken durften, schaffte bei ihnen Vertrauen – und die Bereitschaft, auch etwas mehr für die Wurst zum Abendbrot zu bezahlen, weil sie dabei sicher sein durften, dass dieser höhere Preis tatsächlich auch einen Mehrwert bedeutete, an Tierwohl und an Produktqualität. Das Traurige daran: Im Grunde macht der Dorfmetzger ja nur das, was eigentlich selbstverständlich sein sollte und was bis in die 1960er-Jahre bei uns auch noch selbstverständlich war: gute Wurst aus guten Zutaten.

Der Ansturm auf die Wurst unseres Hofmetzgers macht deutlich, wie sehr dieses Produkt mittlerweile in Verruf geraten ist. Eine Kurzumfrage in meinem Bekanntenkreis fördert zutage, wie mies das Image unseres Brotbelags ist: »Ich kaufe grundsätzlich nur hochwertigen Schinken, wo ich die Fleischfasern sehen kann. Alles andere ist doch eh Pressfleisch aus Resten.« »In die Wurst werden doch sämtliche Abfälle hineingepanscht.« »Fett, Separatorenfleisch, Farbstoff, Aroma – fertig.« Das Schlimme ist: Meine Freunde haben leider nicht ganz unrecht. Gerade bei der Wurst wurde in den vergangenen Jahrzehnten viel herumgepfuscht. Die geltenden Verbraucherschutzgesetze spielen dabei eine unrühmliche Rolle: Die Leitsätze des Deutschen Lebensmittelbuchs erlaubten lange Zeit die absurdesten Konstellationen – Hirschsalami oder Gänsepaté zum Beispiel, die zu mehr als der Hälfte aus Schweinefleisch bestanden. Diese Leitsätze wurden in den vergangenen Jahren zwar überarbeitet. Doch wurden die oft angeprangerten Missstände dadurch tatsächlich beseitigt?

Das Deutsche Lebensmittelbuch

Das Deutsche Lebensmittelbuch und die zugehörige Kommission, die seine Leitsätze formuliert, existieren seit den 1960er-Jahren. In dieser Vorschriftensammlung sind über 2000 Lebensmittel präzise definiert – etwa dass ein Wiener Schnitzel vom Kalb sein muss und das panierte Schweineschnitzel nur »Wiener Art« heißen darf. Oder welches Produkt sich »Kartoffelchip« nennen kann: Demnach sind Kartoffelchips verkehrsüblich frittierte Kartoffelscheiben und werden nicht aus Kartoffelteig hergestellt – wie etwa die chips-ähnlichen »Chipsletten«.

Das Bundesministerium für Ernährung und Landwirtschaft erklärt den Sinn dieses Regelwerks auf seiner Homepage so: »Ziel der Leitsätze ist es, alle Wirtschaftsbeteiligten, insbesondere aber die Verbraucherinnen und Verbraucher, vor Irreführung und Täuschung zu schützen. Das ist gewährleistet, wenn ein Lebensmittel in Zusammensetzung, Aufmachung und Kennzeichnung dem redlichen Hersteller- oder Handelsbrauch und der berechtigten Verbrauchererwartung entspricht.«[45] Umso ärgerlicher, dass die Leitsätze lange Zeit dennoch die Verbraucher nicht davor schützten, milchfreien Analogkäse auf der Pizza als »Käse« oder aus kleinen Stückchen zusammengepresstes Formfleisch als »Schinken« verkauft zu bekommen.

Der massive Druck durch Presse und Verbraucherschutzorganisationen hat hier jedoch etwas bewirkt: So traten zum 25. November 2015 neue Leitsätze für Fleisch und Fleischerzeugnisse in Kraft, die mit einem Teil des bis dahin üblichen Etikettenschwindels wenigstens etwas aufräumen.

Unterwegs im Dschungel der Leitsätze

Aber eben leider nur etwas. Der vielleicht wichtigste Fortschritt ist, dass nun etwas genauer aus der Bezeichnung hervorgehen muss, welches Tier hier eigentlich verarbeitet wurde. So heißt es in den neuen Leitsätzen:

Die teilweise Verwendung von Teilen anderer Tiere als vom Rind (einschließlich Kalb und Jungrind) und Schwein wird in der Bezeichnung des Lebensmittels angegeben, ggf. ergänzt um den prozentualen Anteil, z. B. »Salami mit Lammfleisch«, »Salami mit fünf Prozent Lammfleisch«, »Wiener Würstchen mit Hähnchenfleisch«, »Wiener Würstchen mit zehn Prozent Hähnchenfleisch«, »Leberwurst mit Putenfleisch«, »Leberwurst

---

45 https://www.bmel.de/DE/Ernaehrung/Kennzeichnung/Lebensmittelbuch/Dossier_DeutschesLebensmittelbuch.html?docId=8033656

mit 20 Prozent Putenfleisch«, »Lyoner mit Straußenfleisch«,
»Lyoner mit fünf Prozent Straußenfleisch«.[46]

Auch das Eigenlob vieler Hersteller im Namen muss tatsächlich mit gewissen Qualitätskriterien einhergehen:

Fleischerzeugnisse mit hervorhebenden Hinweisen wie Spitzen-
qualität, Delikatess-, Feinkost-, Gold-, prima, extra, spezial,
1a, ff oder dgl. oder in besonders hervorhebender Aufmachung
(z. B. goldfarbene Hülle) unterscheiden sich von den unter der
betreffenden Bezeichnung des Lebensmittels sonst üblichen
Fleischerzeugnissen, abgesehen von hohem Genusswert, durch
besondere Auswahl des Ausgangsmaterials, keine Verarbeitung
von Separatorenfleisch oder manuell oder auf andere Art vom
Knochen gewonnenem Restfleisch sowie insbesondere durch hö-
here Anteile an Skelettmuskulatur.

Konkret müssen dann je nach Wurstsorte 5 bis 10 Prozent mehr Muskelfleisch enthalten sein. Ausgenommen von dieser Regelung ist übrigens, warum auch immer, Bierschinken.[47]

Kniffliger wird es bei der Herkunft. Hier muss der Kunde im Supermarkt schon Profi in Sachen EU-Kennzeichnungsgesetzgebung sein, um wirklich herausfinden zu können, was er kauft:

Geografische Angaben sind i. d. R. echte Herkunftsangaben. In
manchen Fällen können sie, soweit sie in den Leitsätzen aus-
drücklich genannt werden, aber auch nur Hinweise auf eine
bestimmte Zusammensetzung und Herstellungsweise sein. (…)
In Verbindung mit den Worten »Original« oder »Echt« oder

---

46   http://www.bmel.de/SharedDocs/Downloads/Ernaehrung/Lebensmittelbuch/Leitsaetze-
     Fleisch.pdf?__blob=publicationFile, 2.11.1

47   http://www.bmel.de/SharedDocs/Downloads/Ernaehrung/Lebensmittelbuch/Leitsaetze-
     Fleisch.pdf?__blob=publicationFile, 2.12

nach Eintrag in das Verzeichnis der geschützten Ursprungsbe-zeichnungen und der geschützten geografischen Angaben als geschützte Ursprungsbezeichnungen (g. U.) oder geschützte geografische Angaben (g. g. A.) weisen geografische Bezeich-nungen der Lebensmittel in jedem Fall auf die Herkunft hin.[48]

Haben Sie das beim ersten Lesen verstanden? Ich nicht! Im Klartext bedeutet das nämlich: Weiterhin kann ich polnischen Schinken im Schwarzwald räuchern und dann als regionales Produkt vermarkten. Ob das tatsächlich der »berechtigten Verbrauchererwartung« entspricht?

Mein Lieblingsbeispiel, die sogenannte Kalbfleischleberwurst, ist immer noch so irreführend bezeichnet wie vor der Re-form. Laut Leitsätzen darf sie komplett kalbsleberfrei sein, weil nämlich der Verbraucher bei dieser Formulierung so-fort verstehe, dass sich der Begriff »Kalb« lediglich auf den Fleischanteil der Wurst beziehe und nicht auf die Leber. Ich habe das ehrlich gesagt anders verstanden, und vielleicht geht es auch weniger darum, dass wir Verbraucher verstehen sol-len, was wir kaufen, sondern dass die Industrie so die viel billigere Schweineleber verwenden kann und trotzdem den Eindruck erweckt, hier gebe es etwas besonders Feines! Das mag, wie es das Lebensmittelbuch so hübsch formuliert »Her-stellerbrauch« sein, aber ist es auch »redlich«?

Wer bestimmt die Spielregeln?

Vielleicht liegt das an der Zusammensetzung der Kommissi-on, die diese Leitsätze ausarbeitet: Acht der 32 Mitglieder stellt

---

48 http://www.bmel.de/SharedDocs/Downloads/Ernaehrung/Lebensmittelbuch/Leitsaetze-Fleisch.pdf?__blob=publicationFile, 2.12

die Lebensmittelindustrie. Und diese acht Mitglieder können mit ihrem Vetorecht Änderungen der anderen drei Gruppen – Verbraucher, Wissenschaft und Lebensmittelüberwachung – jederzeit blockieren. Wie war das noch? »Ziel der Leitsätze ist es, alle Wirtschaftsbeteiligten, insbesondere aber die Verbraucherinnen und Verbraucher, vor Irreführung und Täuschung zu schützen.« Ist es diesem Ziel tatsächlich zuträglich, wenn die Hersteller mit am Tisch sitzen und mitentscheiden?

Während ich dieses Kapitel schreibe, macht noch immer der Diesel-Abgas-Skandal Schlagzeilen und viele Autobesitzer machen sich Sorgen, ob sie künftig noch in ihre Heimatstadt einfahren dürfen oder ihr Auto jemals weiterverkaufen können. Vielleicht ein gutes Beispiel dafür, was geschieht, wenn die Industrie zu weitgehend an den Spielregeln mitarbeiten darf.

Zudem tagt das Lebensmitteldefinitionsgremium geheim. Wieso eigentlich? Welche Inhalte sollten da so brisant sein, dass die Öffentlichkeit nicht daran teilhaben darf? Immerhin geht es doch um Produkte, die wir anschließend essen. Welche Interessen sollten da bitte der Vertraulichkeit bedürfen?

Die Verbraucherschutzorganisation Foodwatch beurteilt die Reformbemühungen der Bundesregierung deshalb als dreisten Etikettenschwindel: »Die Öffentlichkeit bleibt außen vor bei weitreichenden Entscheidungen darüber, welche Produkte Verbraucherinnen und Verbraucher in den Supermarkt-Regalen finden. Die staatlich legitimierte Verbrauchertäuschung geht also weiter.«

Was muss in die Wurst?

Dabei sind bestimmte Zutaten gar nicht verwerflich: das viele Schweinefleisch zum Beispiel. Tatsache ist, dass ein bisschen Schwein den meisten Würsten hilft – weil es nun mal fettreicher ist als die meisten anderen Fleischsorten. Ein Wienerwürstchen ausschließlich aus Geflügelfleisch kann

eine ziemlich bröselige Angelegenheit sein … Solange das
ordentlich gekennzeichnet ist – kein Problem. Für die mus-
limischen Klassenkameraden meines Sohnes zum Beispiel,
ist das natürlich entscheidend. Sicherheitshalber kommt
bei einem der besten Freunde meines Sohnes Pizza Salami
grundsätzlich nicht auf den Tisch, weil er gelernt hat, den
Bezeichnungen zu misstrauen. Nun ist Schweinernes aber
eben nicht nur fettreicher, sondern oft auch billiger – angesichts des extremen Kostendrucks, den die großen Handelsketten auf die Hersteller ausüben, ist deshalb die Versuchung
groß, am Schweinefleischanteil zu schrauben.

Warenkunde Wurst

- Deutschland, Österreich und die Schweiz sind Wurstländer –
  schätzungsweise 1500 verschiedene Sorten gibt es bei uns.

- Besonders beliebt sind dabei Brühwürste – mit einem Marktanteil von etwa einem Drittel. Dazu gehören etwa Lyoner,
  Schinkenwürste, Bierschinken oder Leberkäs, aber auch Wiener oder Bockwürste.

- Auf Platz zwei: die sogenannte Rohwurst, also etwa Salami
  oder Mett. Damit rohe Wurst haltbar bleibt, wird sie geräu-
  chert oder luftgetrocknet.

- Mehr als die Hälfte der Würste steckt in einem Naturdarm,
  alternativ werden Textil- oder Kunstdärme verwendet. Die
  Naturdärme stammen von Rindern, Schafen und Schweinen
  und kommen oft aus dem Ausland, etwa aus China oder der
  Türkei.

- In Deutschland führt die DLG (Deutsche Landwirtschaftsgesellschaft) jährlich Qualitätsprüfungen durch. Die Teilnahme
  ist freiwillig. Die sogenannte »sensorische Qualität« (Farbe,
  Aussehen, Konsistenz, Geruch und Geschmack) des jeweiligen Produkts entscheidet über die Prämierung in Gold, Silber
  oder Bronze.

Die einfachste Möglichkeit, die Kosten für die Zutaten zu drücken, ist allerdings: den Wasseranteil in der Wurst steigern. Das Lebensmittelbuch formuliert hier windelweich: »Die Menge des verwendeten Trinkwassers ist bei den einzelnen Wurstsorten verschieden.«[49] Es gibt zwar Mindestmengen an Fleischeiweiß für die verschiedenen Wurstsorten, findige Wurstfabriken reizen diesen Spielraum jedoch bis zum Äußersten aus. Der aufmerksame Verbraucher kann das manchmal daran erkennen, dass der Wurst Stabilisatoren zugefügt sind, die bei herkömmlicher handwerklicher Zubereitung eigentlich nichts in der Wurst verloren haben. Doch auch durch den geschickten Einsatz von besonders viel Eis bei der Herstellung lässt sich das Verhältnis von teurem Fleisch und fast kostenlosem Wasser bis an die Grenze des gesetzlich Erlaubten verschieben – zulasten von uns Kunden, die wir eigentlich doch Wurst kaufen wollten und nicht gebundenes Wasser …

Zugegebenermaßen sind Regelungen hier schwierig: Denn unstrittig brauchen auch ehrliche Metzger Eis, um ihre Wurstmasse im Kutter – das ist das Gerät, das zum Zerkleinern und Vermischen der Zutaten verwendet wird – gerinnungsfrei herzustellen. Deshalb ist der Wurstkauf schlussendlich Vertrauenssache. Kein Wunder also, dass der Metzger vom Kapitelanfang so einen enormen Zulauf hatte, nachdem er mit Tim Mälzer gleich noch ein paar Millionen Zuschauer in seine Wurstküche mitgenommen hatte.

Natur oder Chemie?

Es gibt jenseits von Fleisch und Innereien eine ganze Reihe von Zutaten, die Handwerksmetzger und Wurstfabriken gleicher-

---

49 http://www.bmel.de/SharedDocs/Downloads/Ernaehrung/Lebensmittelbuch/Leitsaetze-Fleisch.pdf?__blob=publicationFile, 2.22

maßen verwenden. Wie so oft macht dabei die Dosis das Gift. Phosphate zum Beispiel werden beim Kuttern eingesetzt, um eine geschmeidige Wurstmasse zu erzeugen. Zu viel Phosphat kann allerdings unsere Nieren schädigen. Leider ist die Kennzeichnungspflicht hier sehr schwammig – es muss draufstehen, *dass* Phosphat verwendet wurde, nicht aber, wie viel. Dabei gibt es hier durchaus eine Alternative, die mindestens genauso wohlschmeckende Wurst erzeugt: In der Warmfleischmetzgerei, wo das Fleisch direkt nach der Schlachtung, noch warm also, verarbeitet wird, geht es auch ohne die nierenschädliche Substanz. In den Strukturen einer Großfabrik ist das schwer umzusetzen, engagierte Bio-Metzger jedoch schwören auf diese Methode – nicht nur aus gesundheitlichen Gründen, sondern auch weil die Wurst so besonders fein schmeckt.

Die meisten Zusätze in der Wurst haben etwas mit dem Kampf gegen die schnelle Verderblichkeit zu tun und stammen aus jenen Zeiten, als ein kühler Keller der einzige Kühlschrank war. Das Salzen gehört dabei zu den ältesten Methoden, um Fleisch haltbar zu machen. So entsteht beispielsweise der Parmaschinken, der gründlich mit Salz bestrichen wird, bevor er monatelang lufttrocknet. Ein Nachteil des Salzens ist jedoch, dass Fleisch dabei leicht grau wird. Dem Geschmack schadet das nicht – auch das Fleisch eines bayerischen Schweinsbratens ist nicht rosa, sondern zartgrau, und schmeckt dennoch hervorragend.

Aber bei Wurst lässt das Verbraucher offenbar zurückschrecken. Deshalb werden nach Angaben des Verbandes Kali- und Salzindustrie e. V. in Europa etwa 80 bis 90 Prozent aller verarbeiteten Fleisch- und Wurstwaren mit Nitritpökelsalz behandelt. Dieser Stoff ist in den vergangenen Jahrzehnten besonders in Verruf geraten: Durch Reaktion der Nitrite mit Aminosäuren können Nitrosamine entstehen, die als krebserregend gelten. Das geschieht insbesondere beim Erhitzen – deshalb sind gepökelte Wurstwaren zum Grillen oder als Soßenzugabe nur bedingt geeignet. Viele Experten geben hier allerdings Entwarnung: Wurstwaren seien nur für etwa 3 Prozent der täglichen Nitritaufnahme verantwortlich. Viel mehr Nitrit stamme aus der Aufnahme gedüngten Gemüses oder aus Stoffwechselvorgängen. In jedem Fall ist weniger hier mehr.

Zucker ist notwendig, damit die Nitritpökelsalze ihre Arbeit verrichten können. Dafür reichen auf 100 Gramm Wurst 0,5 Gramm Zucker aus. Alles weitere ist meist Geschmackskosmetik: Mit mehr Zucker kann der Hersteller sich darüber hinwegmogeln, dass die Wurst viel Wasser und wenig tatsächliche Geschmacksträger enthält. Besonders tückisch ist dabei, dass sich Zucker in Lebensmitteln hinter vielen verschiedenen Bezeichnungen verstecken kann: Auch Glukose, Dextrose, Maltose sind schlicht Zucker!

Was eine handwerklich sauber hergestellte Wurst nun wirklich überhaupt nicht benötigt, sind Farbstoffe und Aromen. Wer als Fabrikant etwa den Räuchervorgang durch die Zugabe des Aromas »Flüssigrauch« aus dem Chemielabor ersetzt, spart Arbeitszeit, die Geld kostet – aber wollen Sie das wirklich essen?

Arme Schweine?

Ungefähr 18 Prozent der in Deutschland geschlachteten Schweine kommen in die Wurst. Über die Zustände in vielen konventionellen Schweineställen habe ich schon im vorherigen Kapitel berichtet. Dabei ist konventionell nicht gleichbedeutend mit schlecht: Die Schweine des schon mehrmals bemühten Metzgers, dessen Namen ich hier übrigens bewusst nicht nenne, um nicht die nächste Bestellwelle auszulösen, sind, wie gesagt, nicht »bio«. Aber sie haben ein sehr viel besseres Leben als ihre Artgenossen, die die Grundzutat für den Großteil der Würste liefern, die in unseren Supermärkten und Discountern angeboten werden. Das macht ihr Fleisch teurer. Im Mikrokosmos der oberbayerischen Landmetzgerei funktioniert das deshalb, weil der Betreiber sein Fleisch selbst verarbeitet und vermarktet. Er erzeugt die Menge, die er verwursten kann und für die er in der Umgebung Käufer findet. Denen wiederum ist es egal, dass die Wurst ein paar Cent mehr kostet. Dafür wissen sie, was sie da kaufen.

Die Aussteiger

Doch der Löwenanteil der Wurstwaren auf dem deutschen Markt stammt nicht mehr aus kleinen Handwerksbetrieben, sondern aus Wurstfabriken. Einer der Großen in diesem Bereich ist Herta. Gründer Karl Ludwig Schweisfurth verkaufte sein Unternehmen 1984 an Nestlé – seine Söhne hatten deutlich gemacht, dass sie diese Art Betrieb nicht übernehmen mögen. Während Herta bis heute einer der Marktführer ist, finanzierte Schweisfurth mit den Millionen aus dem Verkauf seiner Firma die Hermannsdorfer Landwerkstätten und wurde zum Pionier für ökologisch erzeugte Lebensmittel.

Seitdem versuchen er und seine Nachfolger, vieles anders – besser – zu machen: Die Wurstwaren der Firma entstehen in einer Warmfleischmetzgerei, ohne Phosphate. Auf dem Hof wird an der Rückzüchtung von Legehennen und Mastgeflügel zu einem sogenannten Zweinutzungshuhn gearbeitet. Auf den Wiesen rund um den Hof leben die WWW-Schweine (die drei W stehen hier für »Weide, Wühlen, Würmer« und vermitteln damit, was den Alltag dieser Schweine so speziell macht), die dreimal so lange leben wie ein normales Mastschwein und die die letzten drei bis vier Monate dieses Lebens draußen auf saftigen Wiesen verbringen – oder im Winter auch im dicken Schnee.

Das Fleisch dieser Tiere ist teuer, noch teurer sogar als das ohnehin schon kostspielige Bio-Fleisch. Karl Schweisfurth, jener Sohn des Herta-Gründers, dessen fehlender Spaß an industrieller Wursterzeugung einst zur Gründung der Hermannsdorfer Landwerkstätten geführt hat, schildert, warum das bei ihm trotzdem funktioniert: »Mit unseren Produkten verkaufen wir zugleich eine Geschichte. Wir erklären unseren Kunden transparent, wie bei uns die Tiere leben und was Schritt für Schritt bei der Wurstherstellung geschieht.«

Nun könnte es ja theoretisch auch etwas zwischen superteurer Edel-Bio-Wurst und Discounter-Billigware geben. Mastschweine, die zum Beispiel kein ökologisch angebautes Futter fressen und nicht ins Freie dürfen, aber dennoch etwas mehr Platz haben und auf Stroh gehalten werden. Deren Schinken wäre dann nur etwas teurer.

Der Geschäftsführer des Bio-Betriebs kann jedoch gut verstehen, warum nicht mehr Metzger so arbeiten wie der Dorfmetzger vom Kapitelanfang: »So wie unser Lebensmittelmarkt organisiert ist, haben Sie im Grunde kaum eine Chance«, sagt Karl Schweisfurth: »Wenn Sie nur fünf Cent teurer sind als ihre Mitbewerber, brauchen Sie einen eigenen Vertriebsweg, so wie wir. Wenn Sie den nicht haben, müssen Sie zu dem Preis produzieren, den Ihnen der Handel vorgibt. Und da gibt es nur die zwei Kategorien: Bio und Konventionell.« Aber die Handelsketten und der Gesetzgeber, die könnten das natürlich durchsetzen, urteilt Schweisfurth.

Die im vorangegangenen Kapitel geschilderten Tierschutzlabel versuchen zumindest, diese Gesetzmäßigkeit aufzubrechen, wenn auch die Durchführung eher halbherzig ist und den Verdacht nahelegt, dass es hier eher um eine Alibi-Funktion geht als um echten Wandel.

Funktionieren kann dieser Wandel indes langfristig ohnehin nur, wenn wir Verbraucher uns dazu entschließen, mehr Wert darauf zu legen, was wir eigentlich kaufen – und nicht immer nur zum Billigsten greifen, das wir im Supermarktregal vorfinden.

Es lohnt sich, da einzukaufen, wo Sie Ihren Metzger direkt fragen können, wie er seine Wurst zubereitet und wo sein Fleisch herkommt. An dieser letzten Frage ist selbst der Chef von Rügenwalder bei unseren Dreharbeiten mit Tim Mälzer gescheitert...

Checkliste für mündige Wurstesser

▶ Kaufen Sie nur dort Wurst, wo Sie einen kompetenten Ansprechpartner haben. Fragen Sie Ihren Metzger, woher er das Fleisch für seine Wurst bezieht und wie die Tiere dort gehalten werden.

▶ Artgerechte Tierhaltung ist ein Kostenfaktor – Billigwurst kann nicht von glücklichen Schweinen stammen. An der Selbstbedienungstheke im Supermarkt können Sie nur bei Bio-Wurst halbwegs sicher sein.

▶ Zutatenlisten genau lesen. Gute Wurst kann man auch ohne Phosphate und Nitritpökelsalz herstellen – Stichwort Warmfleischmetzgerei. Für den Prozess des Umrötens sind maximal 0,5 Gramm Zucker auf 100 Gramm Wurst nötig.

▶ Vorsicht vor Schummelwurst: Geschmacksverstärker und Aromastoffe sind ein sicheres Zeichen dafür, dass an geschmacksgebenden Zutaten gespart wurde.

▶ Bei abgepackter Wurst gilt das Mindesthaltbarkeitsdatum nur, solange die Verpackung durchgehend gekühlt und geschlossen bleibt. Ab dem Öffnen ist sie ebenso leicht verderblich wie offen verkaufte Wurst: Brühwurst etwa drei Tage, Rohwurst wie Salami fünf Tage.

▶ Ein unangenehmer Geruch, Verfärbungen, eine schmierige Oberfläche oder eingetrocknete Ränder sind Anzeichen für Verderb. Im Zweifel Wurst lieber am Stück kaufen und selber anschneiden. Steht der Aufschnitt längere Zeit auf dem Esstisch in der Wärme, beschleunigt das den Verderb.

► Noch ein ganz persönlicher Rat: Ich meide Geschäfte, in denen die Wurst schon aufgeschnitten bereitliegt – was abends nicht verkauft ist, wandert in den Müll. Ich kann damit leben, dass Tiere für mich geschlachtet werden. Aber Schlachten, verarbeiten und dann wegwerfen – das finde ich wirklich unethisch!

7. Fisch – das bessere Fleisch?

Ich habe oft erlebt, dass Vegetarier mit dem Konsum von Fisch weniger Probleme haben. Das mag zunächst einmal damit zusammenhängen, dass bei Fischen der Kuschelfaktor eindeutig niedriger ist als bei Kälbchen oder Küken. Andererseits scheinen die Umstände auch vertretbarer: Ein Fisch schwimmt in einem See oder Meer, hat es da recht nett, und irgendwann hat er eben Pech und wird gefangen. Aber bis dahin ist sein Leben nicht von den vielen unschönen Aspekten geprägt, die die industrielle Tiermast mit sich bringt. Wenn das tatsächlich so wäre, könnte man Fisch essen, ohne ein allzu schlechtes Gewissen zu haben. Aber natürlich ist die Wirklichkeit komplizierter.

Traditionell sind Deutsche, Österreicher und Schweizer keine großen Fischesser. Weltweit liegt der Schnitt laut Welternährungsorganisation bei 20 Kilo pro Kopf und Jahr. Die Deutschen kamen 2016 nur auf 14 Kilo und liegen damit unter dem Durchschnitt, in der Schweiz sind es nur rund 9 Kilo, in Österreich sogar nur 8 – vielleicht kein Wunder in Binnenländern. Die beliebtesten Fischarten in Deutschland sind Lachs, Alaska-Seelachs, Hering, Thunfisch und Forelle.[50] Und immer öfter sind diese Fische auf unseren Tellern kein Wildfang, sondern stammen aus Fischzuchten. Das ist eine Branche mit enormen Wachstumsraten: In den 1980er-Jahren hatten die Aquafarmen weltweit gerade mal einen Marktanteil von 6 Prozent. Heute werden deutlich mehr als die Hälfte der verzehrten Fische in Zuchtfarmen erzeugt.

An kaum einem Lebensmittel kann man das Dilemma bei jeglicher Lebensmittelerzeugung so klar veranschaulichen: Wild gefangener Fisch hatte bis zu seinem Tod unstrittig ein schönes Leben. Weil aber auch Fischfang in seiner Methodik

---

50 Das hat das Fischinformationszentrum in Hamburg ermittelt.

zunehmend industriell abläuft, weil so ganze Meere systematisch leergefischt werden, weil manche Bestände mittlerweile so drastisch dezimiert sind, dass sie vom Aussterben bedroht sind, können wild gefangene Fische in ihrer Ökobilanz hoch problematisch sein. Damit sich aber der Betrieb einer Aquakultur lohnt, trotz der Schnäppchenpreise an Ladentheken, muss möglichst effizient produziert werden – das geht dann wieder zulasten der Lebensqualität der Tiere und nur mit massivem Antibiotika-Einsatz. Und gleichzeitig predigen Institutionen wie die Deutsche Gesellschaft für Ernährung, dass wir unbedingt mindestens einmal pro Woche Fisch essen sollen, besser noch häufiger, und am allerbesten fetten Seefisch, wegen der angeblich so essenziellen Omega-3-Fettsäuren.

Um die Frage, wer wo was fischen darf, toben immer wieder Auseinandersetzungen: Hochseeflotten der reichen Industrieländer gehen vor Afrikas Küsten auf Fischfang, weil ihre eigenen Fischgründe längst leergefischt sind. Als Verbraucherin im Laden habe ich keine Chance, festzustellen, wer meinen Fisch gefangen hat. Ob der Fisch aus Afrika dort lokalen Fischern ihre Existenz sichert – mit hoher Wahrscheinlichkeit nicht – oder ob ich gerade Teil eines internationalen Fischereikonfliktes bin, während ich mein Abendessen kaufe – keine Ahnung!

Zumindest ein besonders ärgerlicher Missstand ist, wenigstens in der EU, inzwischen gesetzlich verboten: Lange Zeit warfen die Besatzungen der großen Trawler alles, was ihnen zu klein war – den sogenannten Beifang –, einfach wieder zurück ins Meer. Tot waren diese Fische natürlich trotzdem – eine gigantische Verschwendung, die mitverantwortlich war für die drastische Dezimierung der Fischbestände.

Welchen Fisch darf ich essen?

Welcher Fisch gerade überfischt ist oder nicht, ändert sich ständig. Deshalb verzichte ich hier auf konkrete Tipps, bis auf einen: Karpfen, da sind sich alle Tier- und Umweltschützer einig, kann uneingeschränkt empfohlen werden. Wer wie ich nicht so auf Karpfen steht, muss mit dem Smartphone einkaufen gehen. Zwei Umweltorganisationen bieten Einkaufsratgeber in Sachen unbedenklicher Fischkauf.

Es gibt vier Siegel, die der WWF empfiehlt: Das Marine Stewardship Council (MSC)-Siegel ist das am weitesten verbreitete Fisch-Siegel und kennzeichnet ausschließlich Wildfang. Der Aquaculture Stewardship Council (ASC) zertifiziert Zuchtfische. Zurzeit sind auf dem Markt Tilapia, Pangasius, Lachs, Garnelen, Forellen und Muscheln mit dem ASC-Siegel erhältlich. Außerdem gibt es Bio-Zuchtfische unter dem Dach der Bio-Verbände Bioland und Naturland.

Der WWF bietet eine Internetseite und auch eine App, die man direkt im Supermarkt nutzen kann, um zu kontrollieren, ob das gewünschte Abendessen politisch korrekt ist.[51]

Die Empfehlungen von Greenpeace decken sich in einigen Fällen nicht mit denen des WWF. Die Umweltschützer haben in Zusammenarbeit mit Wissenschaftlern rund 115 Arten bewertet. Dabei

---

51 http://www.wwf.de/aktiv-werden/tipps-fuer-den-alltag/vernuenftig-einkaufen/einkaufs-ratgeber-fisch/einkaufsratgeber-fisch/

wurden 550 Wildfischbestände betrachtet sowie 120 Zuchtmethoden, die von Land zu Land jeweils unterschiedlich sind.
Die Bewertung berücksichtigt bei Wildfischereien neben dem
Zustand des jeweiligen Fischbestands auch, inwieweit sich die
Fangmethode auf die Umwelt auswirkt. Bei Aquakulturen wiederum spielen etwa die Herkunft der Eier beziehungsweise der
Jungtiere, die Zusammensetzung des Futters sowie die Einhaltung von Menschenrechten der Arbeiter in den Aufzuchtstati-
onen eine Rolle.[52]

Wer ganz sicher sein will, muss beide Seiten konsultieren. Generell gilt: Fisch ist in unseren Breiten und mit unseren Einkaufs-
möglichkeiten leider kein besonders gut geeignetes Essen für
jeden Tag.

Ähnlich wie bei der Tiermast findet auch in der Fischerei ein
rasanter Prozess der Konzentration statt. Vor fünfzig Jahren
gab es noch 1700 Ostseefischer in Schleswig-Holstein, heute
sind es weniger als 300. Dabei liefern nur kleine Kutter, die
täglich ausfahren, wirklich fangfrischen Fisch. Für Nordlich-
ter gibt es dabei einen tollen Service, ähnlich wie der Hofladen
beim Bauern: Auf der Internetseite »Fisch vom Kutter« haben
sich Fischer aus Schleswig-Holstein organisiert, die ihre frisch
gefangenen Fische direkt am Hafenkai verkaufen. Per SMS
melden die Fischer, wann sie wo anlanden und was sie dann
üblicherweise im Angebot haben – frischer kann Fisch kaum
sein![53]

---

52 http://www.greenpeace.de/presse/publikationen/einkaufsratgeber-fisch
53 https://www.fischvomkutter.de/

Exotenalarm

Normalerweise ist der Fisch, den wir selbst essen, allerdings deutlich weiter gereist. Es gehört zu den Seltsamkeiten der Welt, in der wir leben, dass Transportkosten bei der Preisgestaltung von Lebensmitteln praktisch keine Rolle spielen. Schiffsdiesel ist billig und macht Fisch aus den Gewässern vor exotischen Küsten für deutsche, österreichische oder schweizerische Haushalte erschwinglich. Erst war es der Pangasius, der unsere Fischtheken flutete, mittlerweile gehört auch Tilapia zu den gängigen Fischsorten in Restaurants und Kantinen. Der Pangasius ist in Asien zu Hause, Tilapia ist ein Buntbarsch, der ursprünglich aus Afrika stammt. Gemeinsam haben die beiden, dass sie sich besonders gut und billig züchten lassen – fettarm, genügsam, schnell wachsend. Das hat sie zu echten Shooting-Stars gemacht.

Ich habe beim Thema Fleisch viel dazu geschrieben, wie hilfreich es ist, wenn man seinem Erzeuger auf die Finger schauen kann. Mir fällt kein trifftiger Grund ein, warum das bei Fisch nicht genauso gelten sollte. Mir ist die Vorstellung sympathischer, eine Forelle zu essen, wo ich mir im Zweifel die Zuchtteiche bei einem Spaziergang persönlich anschauen kann, als einen exotischen Fisch, der irgendwo im Mekong gemästet und dann tausende Kilometer weit verschifft wurde, ohne dass ich irgendetwas darüber erfahren kann, unter welchen Bedingungen diese Tiere erzeugt wurden.

Fische aus asiatischen Zuchtfarmen sind meist extrem antibiotikabelastet. Außerdem wird das Schlachtgewicht der Fische künstlich gesteigert, indem der Wasseranteil ihres Fleisches durch wasserbindende Zusatzstoffe im Futter erhöht wird. Das bringt Masse und somit mehr Geld – mit Genuss oder nachhaltiger Ernährung hat das nicht mehr viel zu tun. Außerdem ist der Exotenfisch alt – sieben, teilweise sogar 14 Tage kann es dauern, bis die verderbliche Ware unter immensem Kühlaufwand schließlich auf den Tellern der Kundschaft landet.

Lachs – vom Luxus zum Schnäppchen

Also vielleicht lieber Lachs, wenn es Seefisch sein soll? Der kommt ja wenigstens aus Europa. In meiner Kindheit war Lachs etwas sehr Exklusives. Ein festfleischiger Raubfisch, der von kernigen Männern aus schottischen Wildbächen gezogen wurde – so vermittelte mir das damals jedenfalls ein Pappaufsteller, der im Supermarkt für sündhaft teuren Räucherlachs aus Schottland warb. Heute ist Lachs ein gängiges Kantinenessen, innerhalb von zwei Jahrzehnten hat sich der Preis für den Edelfisch etwa geviertelt. Lachse lassen sich gut züchten, und in Norwegen wurden ganze Fjorde zu Lachsfarmen umfunktioniert. Mehr als 90 Prozent des Lachses in deutschen Supermärkten und Restaurants stammen von dort. Nach Erdöl ist Lachszucht der wichtigste Wirtschaftszweig des Landes. Die gute Nachricht dabei: Gemäß den Angaben des Thünen Institut für Fischerei in Hamburg ist der Einsatz von Antibiotika in norwegischen Fischzuchten drastisch gesunken. Vor dreißig Jahren waren es noch 5 Kilo Antibiotika pro Tonne Fisch. Heute sind es weniger als 0,9 Gramm. Also alles gut? Leider nicht!

Das Problem ist das Futter. In freier Wildbahn würde ein Lachs Garnelen, Krebstiere und kleine Fische fressen. In der Fischzucht werden diese durch Fischmehl ersetzt. Die großen Fischmehlerzeuger sitzen in Peru und Chile – weit weg also von den norwegischen Fjorden. Weil das fette Fischmehl schnell ranzig wird, wird das Lachsfutter mithilfe von Antioxidantien haltbar gemacht, konkret mit einem Alterungsschutzmittel na-

mens Ethoxyquin. Als Pflanzenschutzmittel ist dieses Ethoxyquin in Europa schon seit 2011 verboten. Im Tierfutter ist es
weiterhin erlaubt.

Wer Zuchtlachs gegessen hat, bei dem lässt sich Ethoxyquin im Körper nachweisen, bei stillenden Müttern sogar in
der Muttermilch. Bislang gibt es keine ordentlichen Studien
dazu, ob und wie uns das schadet. Die Umweltorganisation
Greenpeace schreibt auf ihrer Homepage dazu: »Einzelne wis-
senschaftliche Arbeiten und Studien lassen vermuten, dass
Ethoxyquin die Erbsubstanz schädigen, den Leberstoffwech-
sel verändern und krebserregend sein kann. In Tierversuchen
wurden Nierenfunktionsschäden, Schilddrüsenunterfunktio-
nen, Störungen der Reproduktion und DNA-Schädigungen
festgestellt.«[54] Man könnte das Fischmehl übrigens auf dem
Transport auch einfach kühlen – aber das kostet eben wieder
Geld. Zudem kann man nicht von Schonung der wildlebenden Fischbestände sprechen, wenn man die Zuchtfische mit
kleineren wildlebenden Fischen füttert.

Doch auch bei der Fischerzeugung ist Futter ein zentra-
ler Kostenfaktor. Der Lachs wird viel billiger groß und stark,
wenn man ihn zum Vegetarier umpolt und mit Pflanzenfett
ernährt. Übliches Lachsfutter in Aquakultur besteht deshalb
inzwischen zu rund zwei Dritteln aus pflanzlichen Bestand-
teilen, aber nur noch zu einem Fünftel aus Fischöl und -mehl.
Das reduziert allerdings den Omega-3-Fettsäuren-Anteil des
Lachsfleischs erheblich ... Auch das pflanzliche Fett verdirbt
schnell – es oxidiert. Und diese oxidierten Fettsäuren können
sich im Gewebe des Fischs einlagern. Ranziger Fisch? Nicht
lecker! Also wird auch das pflanzliche Fischfutter mit Ethoxyquin haltbar gemacht.

---

54 https://www.greenpeace.de/sites/www.greenpeace.de/files/publications/161209_greenpe-
ace_factsheet_ethoxyquin.pdf

Bei Obst, Gemüse und Fleisch gibt es einen EU-Grenzwert für Ethoxyquin. Mehr als 0,05 Milligramm pro Kilogramm dürfen da nicht enthalten sein. Ende 2016 hat Greenpeace großflächig eingekauft und 54 Fischprodukte im Labor untersuchen lassen.

Die Stichproben, darunter Lachs, Forelle, Dorade und Wolfsbarsch stammen aus den bekannten deutschen Supermärkten Aldi Nord, Aldi Süd, Edeka, Famila, Kaufland, Lidl, Marktkauf, Netto, Penny, Real und Rewe sowie aus Bio-Märkten. Untersucht wurden Tiefkühlfisch sowie geräucherter und frischer Fisch aus Aquakulturen, Bio-Aquakulturen und Wildfängen. Bilanz:

Alle 38 Speisefische aus konventionellen Aquakulturen enthielten Ethoxyquin. In 32 Proben der Aquakultur-Fische lag die Ethoxyquin-Belastung über der gesetzlich erlaubten Höchstmenge für Fleisch. (...) Die höchste Ethoxyquin-Belastung wies ein Lachsprodukt aus norwegischer Aquakultur auf. Der für Fleisch existierende Grenzwert wurde dabei um mehr als das 17-fache überschritten. In Fischprodukten, die aus Bio-Aquakultur stammen, wurde Ethoxyquin nur in sehr geringen Mengen nachgewiesen. Dieses ist in der Regel nicht im Futter vorhanden, das für die Bio-Zucht eingesetzt wird.«[55]

Wie gesund ist Fisch?

Fisch, belastet mit Antibiotika und Pflanzenschutzmitteln – keine sehr appetitliche Vorstellung. Aber wenn wir jetzt mal

---

55 Die detaillierten Test-Ergebnisse mit Herstellerangaben gibt es im Internet: https://www.greenpeace.de/sites/www.greenpeace.de/files/publications/161223_greenpeace_tabelle_ethoxyquin_speisefisch.pdf

von wild gefangenem, »glücklichem« Fisch aus sauberen Gewässern ausgehen: Schaden wir Mitteleuropäer uns, wenn wir den Ernährungsempfehlungen nicht folgen? Wäre es wichtig, dass wir unseren Fischkonsum steigern, wo er doch so gesund für uns sein soll? Die Deutsche Gesellschaft für Ernährung rät zu ein bis zwei Mal Fisch pro Woche.[56] Richtig ist, dass Fisch im Schnitt weniger kalorienreich ist als Fleisch. Wer also versuchen will, schlank zu bleiben, ist mit Fisch gut beraten. Massives Übergewicht ist ein erheblicher Risikofaktor für viele der häufigsten Todesursachen: Herzinfarkt und Schlaganfall zum Beispiel. Wer dauerhaft viel zu viel isst, riskiert Diabetes, steigert sein Risiko für bestimmte Krebsarten und lebt weniger lang.

Der Star unter den Vorzügen von Fisch jedoch, die berühmten Omega-3-Fettsäuren, sind kein guter Grund, Fisch auf den Speiseplan zu setzen. Denn dass diese Fettsäuren gut für die Herzgesundheit sind und präventiv gegen Herzinfarkt und Schlaganfall wirken, ist schlicht falsch und ein gutes Beispiel dafür, wie mit fehlerhaften Studien Ernährungsirrtümer in die Welt gesetzt werden. In den 1970er-Jahren wollten zwei dänische Forscher entdeckt haben, dass grönländische Eskimos, die große Mengen an fettem Seefisch mit einem hohen Gehalt dieser Omega-3-Fettsäuren aßen, viel seltener an Herz-Kreislauf-Erkrankungen starben als die dänische Festlandbevölkerung.

Leider war die Datenlage dabei falsch: Die Sterbestatistiken erfassten bei den Eskimos oft gar keine Todesursache, weil in den abgelegenen Siedlungen gar kein Arzt vor Ort war, der das zuverlässig hätte diagnostizieren können. Kanadische Forscher haben diese Studien vor ein paar Jahren überprüft und herausgefunden, dass die Eskimos in Wahr-

---

56 http://www.dge.de/ernaehrungspraxis/vollwertige-ernaehrung/10-regeln-der-dge/

heit sogar doppelt so oft an Herzinfarkt und Schlaganfall verstarben als die Festlanddänen.[57]

Aber wie das so ist, wenn eine Geschichte mal in der Welt ist: Bis heute fußen auf dieser Studie weltweit Ernährungsempfehlungen zum Thema Fisch. Vielleicht auch deshalb, weil auf diesen fehlerhaften Daten auch das Geschäft der Fischölkapsel-Hersteller beruht. Diese Kapseln gehören zu den umsatzstärksten Nahrungsergänzungsmitteln überhaupt. Die Botschaft, dass diese Kapseln komplett überflüssig sind, wäre hochgradig geschäftsschädigend. Die gute Nachricht: Sie brauchen sich keinerlei Sorgen um Ihren Fettsäuren-Konsum zu machen. Die Entscheidung, ob Sie ab und zu Lachs oder Thunfisch auf ihren Speiseplan setzen, hat keinerlei Folgen für Ihre Gesundheit. Überlegenswert in diesem Zusammenhang ist viel eher, welche Folgen das Thunfisch-Sushi an anderer Stelle haben könnte.

Die Sache mit den Delfinen

Dass unsere Lust an Dosenthunfisch irgendwie schlecht für Delfine ist, hat sich schon vor Jahrzehnten herumgesprochen. Das hatte mit den Fangmethoden zu tun. Schon 1990 wurde in den USA eine Vorschrift erlassen, dass dort nur noch Thunfisch gehandelt werden darf, der gefangen wurde, ohne dass die Meeressäuger als Beifang mit verendeten. Eines der ältesten Beispiele für ein Tierschutz-Siegel, das nicht wirklich hielt, was es versprach! Denn um das Siegel auf dem Produkt führen zu dürfen, reichte die schriftliche Bestätigung des Kapitäns eines Thunfischfängers aus, dass er keine Delfine getötet hat. Wer dem vertrauen möchte, der glaubt vermutlich auch daran, dass der Osterhase im Garten die Eier versteckt …

---

57 Katarina Schickling: »Aber bitte mit Butter – warum Brot nicht dumm und Fett nicht krank« macht. Freiburg 2016, S. 44.

Der Beifang von Delfinen hat sich seit dieser Zeit zwar tatsächlich deutlich reduziert. Das heißt aber noch lange nicht, dass Thunfischfang nachhaltiger geworden ist. Der WWF schreibt dazu auf seiner Homepage:

Die meisten Thunfisch-Fischereien setzen inzwischen Lockbojen ein, sogenannte Fish-Aggregating-Devices. Diese vereinfachen den Fischfang, weil sie Fischschwärme anziehen. Außer dem gewünschten Thunfisch locken diese auch andere Meerestiere, Jungfische und bedrohte Arten an, die dann mit in großen Ringwadennetzen aus dem Wasser gezogen werden. Allein im Östlichen Pazifik werden in dieser Fischerei pro Jahr etwa 30 000 gefährdete Hochseehaie wie Hammer- und Seidenhaie beigefangen. Darüber hinaus verenden Schwertfische, Rochen, vom Aussterben bedrohte Meeresschildkröten und junge Großaugen- und Gelbflossenthunfische in den Netzen. Der Beifang von Jungfisch kann bis zu einem Viertel des Fangs ausmachen. Produkte aus solchen Fischereien dürfen das »Dolphin-Safe« Siegel tragen, da ja keine Delfine beigefangen werden – für umweltverträgliche Fischerei, die Fische und Meeresbewohner schont, steht das Siegel also nicht.[58]

Seit 2001 vergeben die Organisationen Ocean Care und das Earth Island Institute das Label »Dolphin Safe«:

---

58 http://www.wwf.de/aktiv-werden/tipps-fuer-den-alltag/vernuenftig-einkaufen/einkaufs-ratgeber-fisch/delfinfreundlicher-gefanger-fisch-und-hauptproblem-der-heutigen-thunfisch-fischerei/

Greenpeace erteilt diesem Siegel seinen Segen, bis zu einem gewissen Grad zumindest:

> *Die Vergabe erfolgt nur an Thunfisch-Fischereien, die garantieren, während der Thunfischjagd keine Delfine zu hetzen, einzukesseln, zu verletzen oder zu töten. Der Einsatz von Treibnetzen ist verboten. Unabhängige Beobachter, die den Fang, die Verarbeitung und den Weiterverkauf kontrollieren, werden akzeptiert. Es findet keine Vermischung mit Thunfisch, der nicht delfinfreundlich gefangen wurde, statt. Die Schwächen: Es wird nicht garantiert, dass der Thunfisch aus einer nachhaltigen Fischerei stammt. Es gibt keine Garantie für faire Fischereiabkommen mit den Küstenstaaten, in deren Gewässern der Fisch gefangen wurde. Derzeit fangen große Industrieflotten aus dem Norden der Welt die Meere leer und gefährden die Existenz der Küstenstaaten, deren Bevölkerung vom Thunfischfang abhängig ist.[59]*

Nun ist Thunfisch generell derartig überfischt und vom Aussterben bedroht, dass es mittlerweile ziemlich egal ist, wie delfinfreundlich er gefangen wurde. Auch der delfinfreundlichste Thunfisch gehört definitiv zu jenen Sorten, die man nur ganz selten essen sollte, wenn man es mit einem nachhaltigen Konsum von Lebensmitteln ernst meint. Blöd – ich persönlich liebe ja Thunfischtartar … aber leider ist das Fakt.

Tiefgekühlt und »fein« glasiert

Mindestens ein Drittel des Fischs, den wir Deutschen, Österreicher und Schweizer essen, kaufen wir tiefgekühlt. Bedenkt

---

59 https://www.greenpeace.de/themen/meere/greenpeace-bewertung-von-dolphin-safe-delfinfreundlich-gefangen

man die langen Transportwege, scheint das auf den ersten Blick ziemlich vernünftig zu sein. Wild gefangene Fische werden oft schon Stunden nach dem Fang portioniert und tiefgefroren. Der Energieaufwand dabei ist ziemlich hoch, aber zumindest kommt der Fisch frisch auf den Tisch. Dumm nur, dass wir Verbraucher dabei leider oft viel Geld für etwas zahlen, was wir gar nicht kaufen wollen: Wasser.

2014 haben wir für die Lebensmittelchecks mit Tim Mälzer Fisch genauer unter die Lupe genommen. Der Fernsehkoch versuchte sich damals an Schollenfilet, 250 Gramm für 2,79 Euro. Frisch ausgepackt und noch tiefgefroren wogen die Filets 262 Gramm – das sah nach einem fairen Deal aus. Allerdings müssen Tiefkühlfisch-Käufer immer das Kleingedruckte lesen: Demnach sollte der Fisch aufgetaut nämlich nur noch 200 Gramm wiegen – die fehlenden 50 Gramm sind eine sogenannte »Schutzglasur« aus Wasser. Tatsächlich wiegt die Scholle nach dem Auftauen nur noch 188 Gramm. Und nachdem Tim Mälzer das Filet in der Pfanne gebraten hat, bleiben nur noch kümmerliche 120 Gramm Schollenfilet übrig – der Rest ist in die Luft der Studioküche wegverdunstet … Statt einem Kilopreis von 11,16 Euro sind wir damit faktisch bei 23,25 Euro. Der Kochprofi ist entsetzt: »50 Prozent weg! Da muss man eigentlich kein Zauberkünstler sein, um zu sagen, was es ist: einfach zusätzlich zugeführtes Wasser, das ich hier teuer bezahle. Für den Preis bekomme ich schon Seeteufel. Da wird der Konsument verarscht.«

Diese Verbrauchertäuschung ist dabei völlig legal: Die Hersteller dürfen zudem noch Zitronensäure oder Phosphate dazumischen, um das Wasser im Fisch zu binden. So werden Fisch und Meeresfrüchte bis zu einem Viertel schwerer. Im Internet finden wir bei unseren Recherchen sogar Maschinen zur Fischverarbeitung, bei denen dieser Täuschungseffekt werbewirksam angepriesen wird. Ein Werbevideo zeigt, wie Hunderte von Nadeln Wasser in die Filets pumpen. Dadurch, so verkündet der Hersteller stolz, kann der Fischfabrikant sein Warengewicht um 10 bis 30 Prozent steigern. Ganz legaler Betrug.

Checkliste für mündige Fischkäufer

▶ Der einzige komplett unbedenkliche Fisch ist Karpfen. Der lebt glücklich in Zuchtteichen und frisst Pflanzen, Würmer und Schnecken – total nachhaltig! Gegen die vielen Gräten helfen sogenannte »Grätenschneider«: Da durchgekurbelt, ist der Fisch grätenfrei.

▶ Konsultieren Sie die Einkaufsratgeber von Greenpeace und dem WWF, bevor Sie Wildfisch kaufen. Generell sollte wild gefangener Seefisch in Deutschland eine Delikatesse für besondere Gelegenheiten sein, kein Alltagsessen.

▶ Bei Zuchtfisch ist Bio eindeutig die bessere Alternative. Auch hier hilft der Fischratgeber des WWF.

▶ Regional kaufen ist die nachhaltigere Variante – wenn Sie die Möglichkeit haben, direkt beim Fischer oder Züchter zu kaufen, sollten Sie das tun.

▶ Vorsicht bei Raubfischen wie Lachs, Doraden oder Wolfsbarsch. Selbst wenn diese Fische aus Zuchtfarmen kommen: Ihr Futter ist dennoch oft Wildfang und schädigt die Fischbestände.

▶ Vor allem Garnelen, Jakobsmuscheln und Fischfilets sind häufig glasiert. Vorsicht beim Hinweis »Schutzglasur« – da kaufen Sie große Mengen Wasser mit. Entscheidend ist nicht das Füll-, sondern das Abtropfgewicht. Zutaten wie Zitronensäure oder Polyphosphate deuten darauf hin, dass der Fisch mit Wasser aufgepumpt worden ist.

▶ Tropische Garnelen sind besonders oft mit Antibiotika belastet. Nordseekrabben hingegen sind in Ordnung. Dafür werden die gerne mal in Polen oder Marokko gepult. Kaufen Sie da, wo Ihnen jemand sagen kann, wie und wo die Krabben verkaufsfertig gemacht wurden.

▶ Keine Muscheln aus dem Mittelmeer kaufen – Muscheln filtern das schmutzige Wasser und speichern dabei Schadstoffe. Nord- und Ostseemuscheln sind deutlich sauberer.

▶ Frischer Fisch riecht nicht. Seine Haut ist von einer glänzenden Schleimschicht überzogen. Seine Kiemen leuchten hellrot. Drückt man auf das Fleisch, bleiben keine Dellen zurück.

▶ Selbst frischer Fisch von der Theke ist meist schon viele Tage alt. Daher lieber nicht mehr lange aufbewahren, sondern sofort zubereiten oder einfrieren!

Teil 3: Obst, Gemüse und andere Problemfälle

In einem Punkt haben es Vegetarier beim Einkaufen eindeutig leichter: Die Frage, ob ihre nächste Mahlzeit in zu engen Ställen gelitten oder beim Schlachten Schmerzen zugefügt bekommen hat, müssen sie sich nicht stellen. Viele der Faktoren, die eine politisch korrekte Tierhaltung so ungleich teurer machen als die industrielle Erzeugung von Fleisch oder Milch, spielen beim Anbau von Gemüse und Obst eher eine nachrangige Rolle. Entsprechend ist der Preisunterschied zwischen Bio und Konventionell in der Gemüseabteilung viel geringer. Der Marktanteil von ökologisch erzeugten Produkten ist folgerichtig etwa dreimal so hoch wie bei tierischen Produkten – und das obwohl es hier viel weniger offensichtliche, moralische Argumente gibt, öfter zu Bio zu greifen.[60]

Dennoch ist auch bei pflanzlichen Produkten das gute Gewissen nicht automatisch Teil des Einkaufsvergnügens. Das hat vor allem mit unserem globalisierten Markt zu tun. Früher war auf einem Wochenmarkt das im Angebot, was die Bauern eben gerade so geerntet hatten. Manche Erzeugnisse gab es auch lange nach der Ernte noch, weil man sie gut lagern konnte. Die sahen dann allerdings meist nicht so hübsch aus: Die runzeligen Äpfel, die im Keller bei der Großmutter meiner besten Freundin überwinterten, mochte ich als Kind jedenfalls nicht besonders.

---

60 Die Ausnahme hierbei sind Eier – da ist der Bio-Marktanteil, wie im Eier-Kapitel beschrieben, sehr hoch. Ich vermute, dass das an der sehr transparenten Kennzeichnung liegt: Verbraucher belohnen eben, wenn sie wissen, was sie kaufen.

Durch das jahreszeitlich geprägte Angebot auf den Märkten hatte vor fünfzig Jahren praktisch jeder eine grobe Vorstellung davon, welches Gemüse wann Saison hatte. Heute trifft das allenfalls noch auf Spargel zu. Ich bin mir ziemlich sicher, dass die weißen Stangen genau deshalb für uns so kultig sind: Weil wir sie eben nicht das ganze Jahr über essen, sondern nur ein paar Frühsommerwochen lang. Die Dauerverfügbarkeit von Erdbeeren oder Tomaten bedeutet lange Transportwege, hohe Kühlkosten und sehr viel Ausschuss – denn nur was makellos ist, schafft es in die Verkaufstheken.

8. Obst und Gemüse – Vitaminbomben mit Schattenseiten

Kaum etwas hat so viel zum Image der EU als Bürokratie-Monster beigetragen wie die berühmte Verordnung Nr. 1677/88/EWG: Sie normierte von 1988 bis 2009 den Krümmungsgrad von Gurken, ordnete sie bestimmten Handelsklassen zu. Unter anderem legte die Verordnung fest, dass eine Gurke der Handelsklasse »Extra« maximal eine Krümmung von 10 Millimetern auf 10 Zentimetern Länge aufweisen durfte. Unzählige Kabarettisten arbeiteten sich an der Gurkenkrümmungsverordnung ab, geißelten deren Autoren in Brüssel als Vollstrecker eines zügellosen Regelungswahns, und selbst heute noch glauben viele Verbraucher, dass die EU schuld daran ist, wenn es im Supermarkt nur gerade Gurken geben darf.

Nun ist in Wahrheit kein ordnungsfanatischer Europabeamter auf die Idee gekommen, den Krümmungsgrad der Gurke per Richtlinie festzulegen. Tatsächlich steckte hinter dieser Verordnung: der Groß- und Einzelhandel. Der hatte nämlich ein erhebliches Interesse daran, dass sich die Gurken möglichst kostengünstig in Kartons verpacken, verschicken und verkaufen lassen. Krumme Gurken kann man nicht so platzsparend stapeln. Und weil Zeit Geld ist, wollen Einkäufer auf dem Großmarkt nicht jeden Karton öffnen müssen, um zu wissen, wie genau die Ware darin aussieht. Deshalb gibt es die Handelsklassen, die keineswegs Qualität oder Geschmack bescheinigen, sondern lediglich Gewicht, Größe und Form. Für uns Kunden sind diese Kriterien ziemlich egal: Eine krumme Gurke schmeckt genauso gut. Und da wir ja selten fünfzig Gurken auf einmal lagern, ist auch die Stapelfähigkeit kein echtes Kaufargument.

Wie zu Anfang des Kapitels erwähnt, gilt diese Regelung schon länger nicht mehr. Die EU-Kommission hat diese Verordnung 2009 außer Kraft gesetzt – vielleicht weil sie keine Lust mehr auf weitere Sketche über eurokratische Gurkenbegradiger hatte. Eine Interessensgruppe war damit damals gar nicht einverstanden: Der Handel lief gegen die Abschaffung Sturm. Die wichtigsten Großhändler arbeiten bis heute mit den alten Vorgaben, als interne Normierung, und selbstverständlich würden Händler immer argumentieren, dass sie uns damit einen großen Gefallen tun, weil der Kunde das genau so will und lieber hübsches Gemüse kauft.

Misswahl am Marktstand

Unser angeblicher Wille als Verbraucher wird ja immer gerne bemüht, wenn es um fragwürdige Praktiken aller Art geht: Wir wollen billig einkaufen, wir wollen alles zu jeder Zeit. Heutzutage gibt es oft selbst auf dem Bauernmarkt ganzjährig Bananen oder Auberginen, die die Verkaufsstände von Importeuren zukaufen, weil das nach Ansicht der Verkäufer den Erwartungen der Kundschaft entspricht. Tomaten und Gurken kommen von Januar bis Dezember auf den Abendbrottisch, und natürlich müssen Äpfel glatt und knackig und Kartoffeln prall und rund sein. Für mich ist dabei immer wieder verblüffend, wie perfekt selbst so weit gereiste Produkte wie Ananasse und Avocados tausende Kilometer später immer noch aussehen. Die Exemplare, die ich auf meinen Reisen direkt in den Tropen gegessen habe, waren oft weniger ansehnlich – dafür aber viel aromatischer.

Denn der Schönheitswettbewerb bei Obst und Gemüse hat seinen Preis. Zum einen in gigantischer Lebensmittelverschwendung: Ein Viertel der Ernte bei uns verlässt entweder gar nicht erst den Acker und wird direkt wieder untergepflügt oder landet in der Biogasanlage, weil die Zucchini zu krumm oder die Zwiebeln zu groß gewachsen sind. Zum anderen kau-

Güteklassen bei Obst und Gemüse

Ähnlich wie bei Fleisch sind die EU-weit geregelten Güteklassen auch bei Obst und Gemüse keine wirkliche Einkaufshilfe für uns Verbraucher, auch wenn sie angeblich dem Schutz der Verbraucher dienen sollen:

- **Handelsklasse Extra** steht für höchste Qualität. Das bedeutet, die Ware ist frei von jeglichen Fehlern (ganz, glatt, fest, prall), gut geformt, von einheitlicher Farbbeschaffenheit und gleicher Größe.

- **Handelsklasse I** bedeutet gute Qualität; hier sind leichte Form- und Entwicklungsfehler, leichte Farbfehler und sehr leichte Quetschungen erlaubt, zudem verfügt die Ware über ausreichende Festigkeit.

- **Handelsklasse II** bezeichnet mittlere Qualität, mit gröberen Fehlern, gröbere Farbabweichungen sind zulässig.

Fast alle Bio-Artikel firmieren unter Handelsklasse II: ein Indiz dafür, wie wenig es hier um die Art Qualität geht, die für all jene relevant ist, die die Produkte nicht nur stapeln, betrachten oder verkaufen wollen – sondern schlicht essen. Geschmack spielt bei den Güteklassen gar keine Rolle, ebenso wenig wie Nährstoffgehalt, der Einsatz von Schädlingsvernichtungsmitteln oder Gentechnik.

fen wir ständig Erzeugnisse, die kaum Aroma haben, weil sie unreif geerntet werden müssen, damit sie ihre weiten Transportwege überstehen, oder weil ihnen beim Optimieren auf die Transportbedürfnisse hin leider der Geschmack weggezüchtet wurde.

Ich finde es auch hier wieder sehr schwierig, den schwarzen Peter uns Kunden zuzuschieben: Lassen wir die krummen Gurken wirklich eher liegen? Kaufen wir tatsächlich absichtlich Ware mit problematischem ökologischem Fußabdruck, weil wir so verwöhnt sind? Ich glaube eher, dass wir oft nicht richtig einschätzen können, welche Folgen unsere Kaufentscheidungen anderswo auf der Welt haben. Weil uns dafür viele Informationen gar nicht zur Verfügung stehen. Da, wo wir nachvollziehen können, was uns angeboten wird, geht auch teure Ware erstaunlich gut…

Auf der Suche nach dem echten Geschmack

Irgendwann im Juni gab es bei meinem türkischen Obsthändler plötzlich Erdbeeren, die ganz anders aussahen als sonst: klein, dunkelrot, sichtlich weniger fest als die übliche Ware – und deutlich teurer. Mieze Schindler hießen die kleinen Früchte, und jeder, der die Sorte probieren durfte, kaufte anschließend, trotz des höheren Preises, mindestens eine Packung. Als ich am Nachmittag noch mal Erdbeeren nachkaufen wollte, weil mein Sohn die ganze Schale in einem Rutsch weggefuttert hatte, waren die Erdbeeren komplett ausverkauft. Zum ersten Mal verstand ich meinen Vater: Der stammt aus einer Familie von Obstbauern und hatte das, was wir üblicherweise im Supermarkt unter der Bezeichnung »Erdbeeren« finden, stets mit Verachtung gestraft: »Als ich klein war, haben Erdbeeren völlig anders geschmeckt«, sagte er immer: »Viel intensiver. Süßer. Nicht so wässrig.« Jetzt wusste ich: Er hatte vollkommen recht.

Mieze Schindler ist eine traditionelle Sorte, die schon seit 1925 gezüchtet wird. Aus kommerzieller Sicht hat sie jedoch zwei erhebliche Nachteile gegenüber den handelsüblichen Sorten: Ihr Ertrag ist gering, und sie ist druckempfindlich. Die Erdbeeren, die die Familie meines Vaters in der Nähe von Frankfurt früher anbaute, sahen ganz ähnlich aus und machten viel Mühe: Jeden Morgen mussten mein Vater und meine Tante vor der Schule raus aufs Feld, zum Erdbeerenpflücken, weil nie alle Früchte gleichzeitig reif waren. Heute werden auch halb reife Erdbeeren gepflückt: Die reifen dann auf dem Transport nach. Damals brachte meine Urgroßmutter die Früchte täglich auf den Markt im Frankfurter Stadtteil Höchst, und im Idealfall wurden sie auch noch am gleichen Tag gegessen oder zu Marmelade verarbeitet.

Heute reisen Erdbeeren erst mal tagelang durch Europa, bis sie überhaupt den Kunden erreichen. Dennoch halten sie im Kühlschrank locker noch mal drei, vier Tage durch. Und es gab Erdbeeren damals frisch nur in dem begrenzten Zeitraum, wo sie in der jeweiligen Anbauregion Saison hatten. Die restliche Zeit mussten die Kunden auf Eingemachtes zurückgreifen. Heute liegen bei uns in München die ersten Erdbeeren schon im Laden, wenn in den bayerischen Bergen noch Ski gefahren wird.

Ich freue mich immer über diese ersten Erdbeeren – sie sind für mich *der* Frühlingsbote. Trotzdem habe ich mir abgewöhnt, sie zu kaufen – was darauf hingezüchtet worden ist, möglichst lange möglichst nett auszusehen, schmeckt meist nur nach Wasser. Zehn kleine Mieze-Schindler-Beeren, und unser Frühstücksjoghurt schmeckte intensiv nach Erdbeeren – ein Effekt, den ich selbst mit der dreifachen Menge spanischer Riesenfrüchte nicht erreiche. Es gab die empfindlichen Früchte bei meinem Obsthändler übrigens erfreulicherweise die ganze restliche Saison, allerdings musste man sich rechtzeitig am Vortag ein paar Schälchen reservieren, weil sie weggingen wie die sprichwörtlichen warmen Semmeln.

Zugegeben: Diese Geschichte spielt in München-Schwabing, einem Viertel mit gutsituierter Kundschaft. Trotzdem zeigt sie für mich eines: Wir sind durchaus bereit, mehr Geld auszugeben. Aber eben für Qualität. Und die finden wir viel zu selten …

Gemüse

	JAN	FEB	MÄRZ	APRIL	MAI	JUNI	JULI	AUG	SEP	OKT	NOV	DEZ
Artischocken												
Auberginen												
Blumenkohl												
Bohnen (Busch- u. Stangen-)												
Brokkoli												
Chicorée												
Chinakohl												
Dicke Bohnen												
Eisbergsalat												
Endivien												
Erbsen, Zuckererbsen												
Feldsalat/Rapunzel												
Gemüsefenchel												
Gemüsepaprika												
Grünkohl												
Gurken, Salat-												
Kohlrabi												
Kopfsalat												
Kürbis												
Lollo Rossa, L. Bionda												
Mangold												
Möhren												
Porree/Lauch												
Radicchio												
Radieschen												
Rettich												
Rhabarber												
Rosenkohl												
Rote Bete/Rote Rüben												
Rotkohl												
Rucola												
Schwarzwurzeln												
Spargel												
Spinat												
Spitzkohl												
Stangen-/Bleichsellerie												
Tomaten												
Weißkohl												
Zucchini												
Zwiebeln												

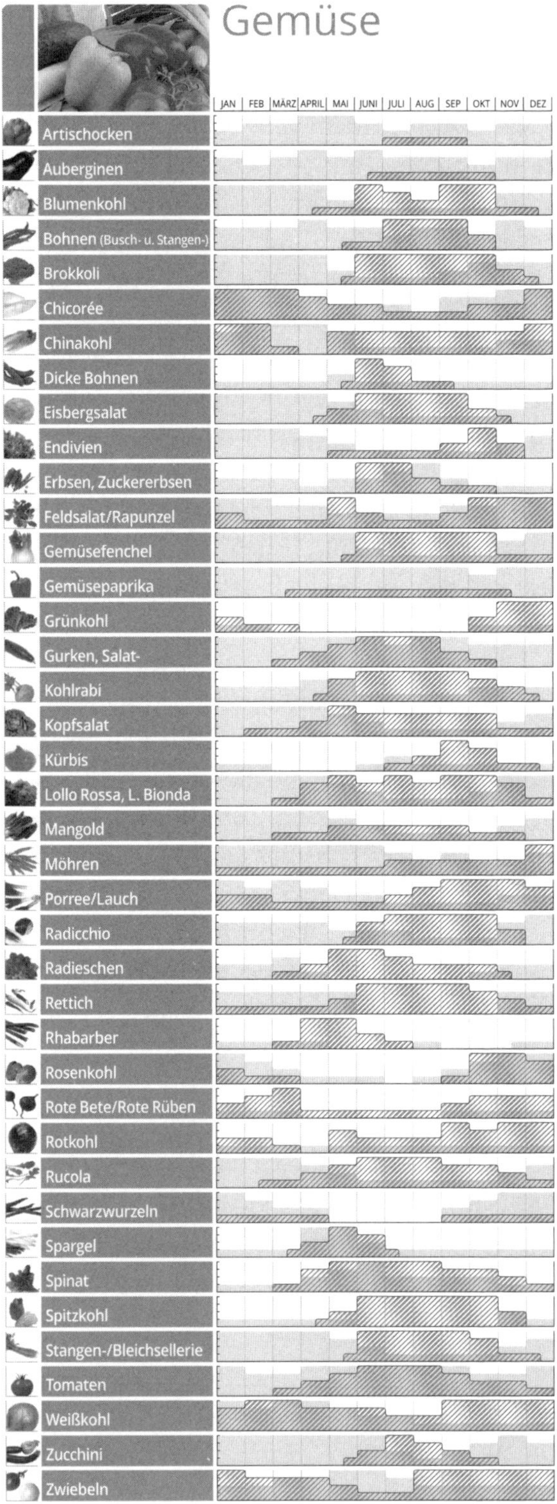

Obst

DER SAISONKALENDER

Bundeszentrum für Ernährung

	JAN	FEB	MÄRZ	APRIL	MAI	JUNI	JULI	AUG	SEP	OKT	NOV	DEZ
Ananas												
Äpfel												
Apfelsinen/Orangen												
Aprikosen												
Avocados												
Bananen												
Birnen												
Brombeeren												
Erdbeeren												
Esskastanien												
Feigen												
Grapefruit												
Haselnüsse												
Heidelbeeren												
Himbeeren												
Johannisbeeren, rot												
Johannisbeeren, schwarz												
Kirschen, sauer												
Kirschen, süß												
Kiwis												
Limetten												
Litschis												
Mandarinengruppe												
Mangos												
Melonen												
Mirabellen, Renekloden												
Pampelmusen												
Papayas												
Pfirsiche, Nektarinen												
Pflaumen, Zwetschen												
Preiselbeeren												
Quitten												
Stachelbeeren												
Tafeltrauben												
Walnüsse												
Wassermelonen												
Zitronen												

Erklärung

Monat mit starken Importen

Monat mit geringen Importen

Monat mit großem Angebot aus heimischem Anbau

Monat mit großem Angebot aus heimischem Anbau und gleichzeitig geringen Importen

Der Zauberkasten der Genetik

An der Universität Göttingen leitet der Biologe Bernd Horneburg die Fachgruppe Genetische Ressourcen und Ökologische
Pflanzenzüchtung. Er erforscht unter anderem ein Lieblings-
gemüse von uns Deutschen, Österreichern und Schweizern:
die Tomate, mit einem Pro-Kopf-Verzehr von 20 Kilo die
Nummer eins auf unserem Speiseplan. Ähnlich wie die Gurke
mit Krümmungsverbot ist auch die Tomate ein Liebling der
Kabarettisten – als vierter Aggregatzustand des Wassers. 2014
haben wir für die ARD-»Lebensmittelchecks« Horneburg zusammen mit Tim Mälzer besucht. Damals hat er uns erklärt,
wie der Tomate das Aroma abhandengekommen ist: »Ein immer größerer Anteil der Tomaten, die in den Handel gelangen,
wird gar nicht mehr in Erde angebaut, sondern in Nährlösun-
gen«, berichtete der Wissenschaftler. »Die Pflanzen sehen ein
Gewächshaus, aber nie Erde. Und viele Sorten oder Zuchtlini-
en, die besonders aromatisch wären, müssen von vorneherein
ausgeschlossen werden, weil sie schlichtweg zu weich sind, um
sie weit zu transportieren und lange zu lagern.«

Horneburg und sein Team arbeiten an Sorten, die in erster
Linie gut schmecken. Die passen jedoch nicht zur Logistik
der Handelsriesen: »Wenn wir die jetzt für den Handel züchten würden, müssten wir sie am Ende alle wegschmeißen, egal
wie gut, egal wie lecker, egal wie robust auf dem Acker sie
sind, weil sie eine klassische Transportkette nicht überstehen.
Die sind für eine regionale Produktion und für ganz kurze
Handelsketten gemacht, das ist unser Ziel.« Mittlerweile kann
man das Saatgut, das die Forscher entwickeln, auch online für
zu Hause bestellen.[61] Tomaten reifen selbst in unseren Breiten
im Sommer gut auf jedem Balkon oder sogar an einem sonnigen Fenster und haben dort einen großen Vorteil: Was direkt

---

61 https://www.dreschflegel-saatgut.de/

vor dem Essen geerntet wird, darf ruhig eine weiche Schale haben – den Weg vom Balkon bis zur Küche schaffen die roten Aromabomben dann schon.

Im Handel lösen die Einkäufer das Problem des fehlenden Aromas mittlerweile mit einem sehr viel billigeren Trick: Tomaten werden mit Stängel verkauft. Das hat drei höchst nützliche Effekte: Erstens wirkt eine Tomate am Strauchrest auf uns irgendwie authentischer – da kaufen wir gefühlt die glücklichen Sizilianer, die singend Tomaten ernten, gleich mit. Zweitens haben wir die Illusion von Aroma: Es sind nämlich die Stiele, die so intensiv riechen, dass uns dadurch die ganze Tomate wohlschmeckender erscheint – auch wenn wir de facto das übliche Wasser in roter Hülle erwerben. Und drittens geht noch ein bisschen mehr Gewicht in die Tüte – Kleinvieh, aber auch das macht ja bekanntlich Mist.

Ein guter Gemüsehändler kann Ihnen sagen, welche seiner Tomaten tatsächlich schmecken: Er hat sie nämlich auf dem Großmarkt probiert, bevor er sie gekauft hat. Im Supermarkt ist die Chance, wirklich nach Tomate schmeckende Ware zu erwischen, deutlich geringer. Außer Sie kaufen gleich Dosentomaten – da ist es egal, wie transportfähig die Früchte sind, weil sie in der Regel sofort verarbeitet werden.

Herkunftskennzeichnung oder Herkunftsirreführung?

Allerdings riskieren Sie, dass die italienischen Dosentomaten – aus diesem Land kommt ein Großteil der Dosenware – in Italien nur den Hafen von Genua gesehen hat. Dank der extrem verbraucherunfreundlichen Kennzeichnungsregeln ist es völlig legal, Tomaten in China zu ernten und zu schälen, dann in Großbehältern nach Italien zu verschiffen und dort anschließend in Dosen abzufüllen. Nach EU-Recht können diese Konserven als Tomaten »aus Italien« vermarktet werden, weil der letzte Verarbeitungsschritt – das Eindosen – dort stattgefunden hat. Nun könnte es ja durchaus sinnvoll sein, zu bestimmten Zeiten im Jahr auf Früchte zurückzugreifen, die im Herkunftsland gerade Erntesaison haben, während bei uns zum Beispiel Winter ist. Im Fall von China entfällt dieses Argument offensichtlich: Das Land liegt genauso auf der Nordhalbkugel wie wir, mit den gleichen Jahreszeiten.

Bei unverarbeitetem Obst und Gemüse ist eine Herkunftsbezeichnung Pflicht. Sie gibt gemäß den Vorschriften der Europäischen Union Auskunft über den Ort, wo das Produkt geerntet wurde. Dieses Detail ist das Einfallstor für seltsame Geschäfte: Seit 2014 klagt die Zentrale zur Bekämpfung unlauteren Wettbewerbs gegen eine Pilzfabrik auf der schwäbischen Alb. Vom Laichinger Sitz der Firma Monaghan, der Tochter eines irischen Agrarkonzerns, gehen jede Woche 80 Tonnen Champignons in die Supermärkte, und diese tragen die Herkunftsbezeichnung Deutschland. Damit ist die Firma einer der größten Player auf dem deutschen Markt. Angezüchtet werden die Speisepilze allerdings in den Niederlanden und erst kurz vor der Ernte auf die Alb gekarrt. Dort werden sie lediglich abgeerntet und verpackt. Eindeutig nicht ganz das, was die berühmte schwäbische Hausfrau unter einem Produkt aus der Region verstehen würde, aber getreu den Buchstaben der einschlägigen EU-Verordnung völlig legal.

Der Unterschied zwischen dem, was in der Verordnung steht, und dem, was der Verbraucher darunter versteht, beschäftigt seither die Gerichte. Im September 2017 hat der Bundesgerichtshof den Fall zur Prüfung an den Europäischen Gerichtshof weiterverwiesen. Für mich ist zumindest eines dabei ziemlich klar, unabhängig davon, was die Gerichte dazu sagen: Wenn ich in Stuttgart im Supermarkt Champignons von der Schwäbischen Alb kaufe, dann möchte ich darauf vertrauen können, dass sie 50, vielleicht 80 Kilometer auf dem Buckel haben, aber nicht 1500.

Bei Waldpilzen übrigens stößt die Sehnsucht nach heimischer Ware an Grenzen: Die dürfen aus Naturschutzgründen nicht für Erwerbszwecke, sondern lediglich in geringen Mengen für den eigenen Bedarf gesammelt werden. Vereinzelt gibt es heimische Pfifferlinge oder Steinpilze auf Märkten, mit einer Sondergenehmigung der Naturschutzbehörde. Eine kommerzielle Zucht dieser Pilze existiert nicht. Was wir im Laden angeboten bekommen, stammt fast immer aus osteuropäischen Wäldern. Leider ist dabei auch Jahrzehnte nach der Reaktorkatastrophe von Tschernobyl Radioaktivität immer noch ein Thema. Besonders stark betroffen vom Fallout waren damals Weißrussland, die Ukraine, Russland, Schweden, Österreich und Süddeutschland. Das Umweltinstitut München untersucht Wildpilze regelmäßig auf ihre Strahlenbelastung. Informationen dazu finden Sie im Internet.[62]

Frisch = gesund?

Obst und Gemüse aus der Region – das ist nicht nur Lokalpatriotismus. Was in der Region geerntet wird, ist fast zwangsläufig frischer und damit auch nährstoffreicher. Der Sauerstoff der Luft, Licht, Wärme – alles Faktoren, die etwa den meisten Vitaminen kräftig zusetzen. Ein Blattsalat verliert innerhalb des ersten Tages nach der Ernte fast ein Drittel seiner Vitamine. Ist der Salat auch noch vorgewaschen und -geschnitten, was unbestreitbar extrem praktisch ist, geht der Vitamingehalt noch weiter zurück: Jede Schnittfläche bietet eine weitere Angriffsfläche für Luft, Licht und Wärme ...

---

[62] http://www.umweltinstitut.org/themen/radioaktivitaet/tschernobyl/pilze-und-wild/schadstoffbelastung-des-waldes.html

Die gute Nachricht: Uns drohen dennoch keine Mangeler-krankungen. Die meisten Verbraucher überschätzen kolossal, wie viel Obst und Gemüse notwendig sind, um unseren tägli-chen Vitaminbedarf zu decken. Die Experten sind sich nicht mal einig, wie groß dieser Bedarf tatsächlich ist. Fast jede na-tionale Gesundheitsbehörde empfiehlt andere Werte, die im Detail teilweise um 100 Prozent voneinander abweichen.[63] Studien, die beweisen wollten, dass fünf Portionen Obst und Gemüse gesünder machen, sind damit krachend gescheitert.[64]

Was gehört in den Kühlschrank?

Nicht jede Frucht verträgt Kälte. Tomaten zum Beispiel verlieren dort schnell ihr Aroma.

Diese Sorten bleiben im Kühlschrank besser frisch:

Obst	Gemüse
Äpfel, Aprikosen, Birnen, Erdbeeren, Feigen, Kirschen, Kiwis, Nektarinen, Pflaumen, Pfirsiche, Tafeltrauben, Zwetschgen	Artischocken, Blumenkohl, Brokkoli, Erbsen, Fenchel, Karotten, Knoblauch, Kohlrabi, Lauch, Radieschen, Rosenkohl, Salat, Sellerie, Spinat, Spargel, Zuckermais, Zwiebeln

Diese Sorten gehören nicht in den Kühlschrank:

Obst	Gemüse
Ananas, Avocados, Bananen, Granatäpfel, Mangos, Papayas, Zitrusfrüchte	Auberginen, Gurken, grüne Bohnen, Kartoffeln, Kürbis, Melonen, Paprika, Tomaten, Zucchini

---

63 Katarina Schickling: »Aber bitte mit Butter«, a.a.O., S. 120.

64 Ebenda, S. 55.

Eine halbe rote Paprikaschote oder acht Erdbeeren reichen, um etwa die laut Deutscher Gesellschaft für Ernährung nötige Tagesmenge Vitamin C zu erreichen, und die liegt im internationalen Vergleich schon ziemlich hoch. Frischere Produkte sind also zwar möglicherweise vitaminreicher, deshalb aber nicht unbedingt »gesünder« – was unser Körper nicht braucht, scheidet er einfach wieder aus, und bei manchen Vitaminen kann eine Überdosierung sogar schädlich sein. Eine solche Überdosierung ist aber eigentlich nur mit Vitaminpräparaten zu erreichen, nicht mit normalen Lebensmitteln.

Auch Bio-Obst und -Gemüse enthält übrigens nicht automatisch mehr Vitamine. Bei Äpfeln hängt der Vitamin-C-Gehalt viel eher von der Sorte ab als von der Anbauweise. Die Sorte Braeburn zum Beispiel kommt nach der Ernte auf etwa 20 Milligramm Vitamin C pro 100 Gramm und verliert davon auch bei längerer Lagerung kaum etwas. Ein Golden-Delicious-Apfel hingegen bringt es schon zum Zeitpunkt der Ernte nur auf die Hälfte. Und nach ein paar Monaten im Lagerhaus sind davon nur noch 5 bis 6 Milligramm pro 100 Gramm Frucht übrig. Neben der Sorte spielen beim Nährstoffgehalt noch das Klima und der Standort eine Rolle, bei konventionellen wie Bio-Früchten gleichermaßen. Wer zu Bio-Produkten greift, kann allerdings darauf vertrauen, dass sie weitgehend pestizidfrei sind. Konventionelle Erzeugnisse hingegen fallen immer wieder mit hohen Belastungen auf.[65]

Frische eisgekühlt

So wenig ich eine Freundin von Convenience-Produkten bin: Obst und Gemüse, erntefrisch schockgefrostet, sind eine Ausnahme. Unter verschiedenen Aspekten versprechen verarbeitete

---

65 Siehe Teil 1, Kapitel 2.

Produkte tatsächlich bessere Qualität als frische, unbehandelte Ware. Das hat mit unseren Handelswegen zu tun: Ein »frischer« Brokkoli stammt ja in aller Regel nicht vom Feld gleich hinter dem Laden. Er ist vielmehr auf seinem Weg vom Acker auf unseren Tisch tagelang Lkw gefahren, um vom Großhändler über diverse Zwischenlager in den Supermarkt zu gelangen. Und dann wartet er nach dem Kauf möglicherweise noch zwei Tage im Gemüsefach des Kühlschranks auf seine Verabreitung. Tiefkühlgemüse und -obst wird nach der Ernte so schnell verarbeitet, dass enzymatische Abbauprozesse unterbrochen werden. Zellstrukturen und wertvolle Inhaltsstoffe bleiben so erhalten.

Die Universität Hamburg hat gemeinsam mit der Hamburger Hochschule für angewandte Wissenschaften 2007 diverse Gemüsesorten roh und gegart untersucht, »erntefrisch« und tiefgefroren. Frische und tiefgekühlte Ware lag dabei in Sachen Nährstoffgehalt etwa gleichauf, mit leichten Vorteilen fürs frische Gemüse. Wer selber Bohnen und Zucchini im Garten hat, ist also fein raus. Wer aber die Bohnen beim Gemüsehändler holt, greift praktisch nie auf so frische Produkte zu, siehe oben. Und nach nur vier Tagen bei Zimmertemperatur haben grüne Bohnen beispielsweise schon vier Fünftel ihres Vitamin-C-Gehaltes eingebüßt. Da sind dann Tiefkühlbohnen eine echte Alternative ... [66]

Die Ökobilanz eines Apfels

Ein wichtiger Grund für viele Verbraucher, lieber regionale Erzeugnisse zu kaufen, ist der ökologische Fußabdruck der Produkte: Jeder zweite Apfel im deutschen Lebensmittelhandel ist

---

[66] Die Ergebnisse dieser Untersuchung hat das deutsche Tiefkühlinstitut in einer Broschüre veröffentlicht – das Institut ist sicherlich Partei, und der Tenor der Broschüre eher werblich – aber die Zahlen stammen aus den Labors der Universität und sind wissenschaftlich fundiert: https://www.tiefkuehlkost.de/info-center/broschueren/frische-broschuere

importiert, obwohl Äpfel natürlich auch bei uns heimisch sind. Muss das Obst in meinem Frühstücksmüsli ernsthaft um die halbe Welt reisen, wenn es auch bei mir um die Ecke Apfelbäume gibt?

Während der Erntezeit ist das eine berechtigte Frage. Irgendwann jedoch kippt die Bilanz, und ein Apfel, der mit dem Schiff von Chile nach Deutschland gereist ist, kann für einen Kunden in Hamburg tatsächlich eine bessere Energiebilanz haben als der heimische Apfel aus dem alten Land. Denn der liegt seit der Ernte in einem auf 2 Grad Celsius heruntergekühlten Lager, in einer Art »Spezialluft«, deren Sauerstoffgehalt künstlich von 20 Prozent auf 1 bis 2 Prozent reduziert wird, damit der Apfel langsamer nachreift. Deshalb sind deutsche Äpfel auch Monate nach der Ernte im Supermarkt so prall und knackig wie eine erntefrische Frucht. Während sie zu Hause im Obstkorb dann rasant schrumpfen und schrumpeln.

Nach Schätzungen von Experten ist der Zeitpunkt, an dem der Prozess der künstlichen Frischhaltung mehr Energie verbraucht hat als der Transport von der Südhalbkugel zu uns, irgendwann im Frühjahr erreicht. Danach kann es ökologischer sein, den chilenischen Apfel zu essen. Genau weiß man das allerdings nie – denn auch der Apfel aus Übersee hat möglicherweise noch zwei Monate in Antwerpen im Kühlhaus gelegen, bevor er in Richtung Supermarkt weitergereist ist. Noch besser ist es deshalb immer, alternativ auf Früchte zurückzugreifen, die gerade frisch zu haben sind – und sich auf den Spätsommer zu freuen, wenn die deutschen Äpfel endlich wieder erntereif sind.

Im Zweifel sind alle diese Überlegungen jedoch sowieso zu vernachlässigen, je nachdem mit welchem Verkehrsmittel wir einkaufen gehen: Der Chile-Apfel im Fahrradkorb ist selbst im November, kurz nach der deutschen Apfelernte, ökologischer als der frisch geerntete Bodenseeapfel aus dem Hofladen des Bauern, den wir mit dem SUV nach Hause fahren. Wer alles richtigmachen möchte, kauft jenes Bio-Gemüse und -Obst aus der Region, das gerade Erntesaison hat – lange Wege gehen meist zulasten des Geschmacks, Freilandware ist fast immer aromatischer als Produkte aus dem Gewächshaus, und auch die Nährstoffe gedeihen am besten und zahlreichsten unter freiem Himmel.

Das Ende der Banane

Ich habe weiter vorne, am Beispiel von Erdbeere und Tomate, bereits dargelegt, was geschieht, wenn bei der Zucht vor allem Optik und Logistik eine Rolle spielen. Neben dem Verlust des echten Geschmacks bezahlen wir diese Aspekte auch mit einer Verarmung unseres Sortenspektrums. Besonders gut lässt sich das am Beispiel unseres nach dem Apfel zweitliebsten Obstes schildern: der Banane.

99 Prozent der Bananen in europäischen Supermärkten sind Bananen der Sorte »Cavendish«. Diese Sorte hat keine Samen: Sie vermehrt sich, indem abgeschnittene Triebe in die Erde gesteckt werden. Deshalb sind praktisch alle Bananen, die global gehandelt werden, Klone – die größte Monokultur der Welt! Nun sind Monokulturen ohnehin immer besonders anfällig für Schädlinge. Eine genetisch identische Monokultur potenziert dieses Problem noch: Hat ein Erreger erst mal ein Einfallstor gefunden, kann er so ausnahmslos jede einzelne Pflanze befallen. Und unglücklicherweise geschieht genau das gerade.

Der Übeltäter heißt Tropical Race 4, kurz TR 4, und könnte dafür sorgen, dass es in ein paar Jahren gar keine Bananen mehr im Supermarkt gibt. Seit den 1990er-Jahren dringt der aggressive Pilz über die Wurzeln in Bananenstauden ein und bringt sie zum Vertrocknen. TR 4 ist gegen Fungizide resistent – es gibt kein Gegenmittel. Von Asien aus ist der Erreger unterwegs, sein Weg führt durch die Bananenplantagen der Großerzeuger. Auf den Philippinen ist die Bananenproduktion 2016 schon um 7 Prozent zurückgegangen. Mittlerweile tritt er in Pakistan, Australien, dem Nahen Osten und Afrika auf. Nur Südamerika ist – noch – TR 4-frei.[67]

Die Geschichte wiederholt sich: Vor 60 Jahren wurde die damals führende Bananensorte, »Gros Michel«, vom Erreger TR 1 praktisch ausgelöscht. Damals begann der Siegeszug der Cavendish-Klone, als Ersatz – die waren gegen TR 1 resistent… Nun gäbe es hunderte Bananensorten, wilde, halb kultivierte, kommerziell nutzbare – vielleicht nicht ganz so robust, nicht endlos lagerbar, dafür aber viel aromatischer. Bananen wären dann vermutlich teurer, aber sie würden tatsächlich wie Bananen schmecken. Doch die vier großen Fruchtkonzerne Chiquita, Dole, Del Monte und Fyffes, die den Weltmarkt dominieren, setzen stattdessen lieber auf die nächste Monokultur, mit einem weiter entwickelten Cavendish-Klon.

Monokultur, staatlich gefördert

In Deutschland regelt das Bundessortenamt – ja, kein Scherz, diese Behörde existiert tatsächlich – »die Zulassung und für den Sortenschutz von Pflanzensorten und die damit zusammenhängenden Angelegenheiten«.[68] In den »beschreibenden Sortenlisten« ist detailliert aufgeführt, welches Saatgut in Deutschland kommerziell verwertet werden darf. Leider sind gerade viele alte Sorten, die gut schmecken und zu unserem kulturellen Erbe gehören, dort nicht erfasst. Das führt zu

---

67 http://www.spiegel.de/wissenschaft/natur/bananen-sind-sie-wirklich-vom-aussterben-be-droht-a-1120371.html

68 https://www.bundessortenamt.de/internet30/index.php?id=31#c20

absurden Situationen. Mein Kollege Jean Boué hat für den NDR besonders kuriose Fälle ausgegraben: etwa den Kartoffelbauern Karsten Ellenberg, der zwar Kartoffeln alter Sorten verkaufen darf. Doch er muss seine Kunden darauf hinweisen, seine Kartoffeln gerne zu essen, aber sie keinesfalls selbst anzubauen. Denn das Handeln mit dem Saatgut nicht amtlich zugelassener Pflanzensorten ist gesetzlich verboten! In dem Moment, wo Ellenbergs Kartoffeln kein Lebensmittel, sondern Saatgut sind, macht er sich also strafbar.[69]

Ich bin ein großer Anhänger von Verbraucherschutz. Aber wo soll hier der Nutzen sein? Ich finde, es lohnt sich, gegen die Einheitssorten mit ihren logistikfreundlichen Eigenschaften zu rebellieren: indem man auf Bauernmärkten oder im Internet gezielt nach alten Sorten sucht. Indem man dort einkauft, wo engagierte Händler nach besseren Produkten suchen und die Geschichte ihrer Ware erzählen können. Und indem man – wo immer möglich – direkt beim Erzeuger regionale, saisonale Ware kauft.

Einkaufsratgeber für mündige Obst- und Gemüsekäufer

▶ Ich wiederhole mich: Aber wie bei tierischen Produkten hilft es auch hier, einen Händler zu haben, den man über Herkunft, Qualität und Geschmack befragen kann – mein türkischer Gemüsehändler kauft selbst im Großmarkt ein und hat auch mal bewusst etwas nicht im Angebot, wenn ihm die Qualität nicht passt.

---

69 NDR, 08. Mai 2017, 22:00 Uhr, http://www.ndr.de/fernsehen/sendungen/45_min/Verbotenes-Gemuese,sendung511572.html

▶ Greifen Sie möglichst zu Gemüse aus der Region. Weil Transport und Lagerung wegfallen, kann reifer geerntet werden – damit ist nicht nur die Ökobilanz besser, sondern auch das Aroma. Je saisonaler Sie einkaufen, umso mehr haben Sie vom Geschmack.

▶ Was makellos aussieht, schmeckt nicht immer genauso gut. Fragen Sie nach alten Sorten. Die sind oft nährstoffreicher und aromatischer, und Sie leisten einen Beitrag zum Artenreichtum und zu unserem kulturellen Erbe.

▶ Pestizide können Sie nur sicher umgehen, indem Sie zu Bio-Gemüse greifen, das ist bis auf ganz wenige Ausnahmen unbelastet. Konventionelles Gemüse sollten Sie unbedingt waschen – und vor allem danach auch noch mal gründlich Hände waschen!

▶ Kaufen Sie deutsche Tomaten nach Möglichkeit zwischen Juli und Oktober. Dann haben die Saison und somit das beste Aroma. Lassen Sie sich von Strauchtomaten nicht täuschen, hier riecht nur der Strauch, über den Geschmack der Tomate sagt das noch nichts.

▶ Wenn Sie die Möglichkeit haben, bauen Sie selbst Obst und vor allem Gemüse an – bei Tomaten geht das zum Beispiel ganz einfach, selbst auf dem Fensterbrett oder Balkon.

9. Wie super ist Superfood?

Es gibt eine zuverlässige Methode, mit der man selbst im Land der Lebensmittelschnäppchenjäger Kunden dazu bringt, den Geldbeutel weit zu öffnen: Es muss sich um »Superfood« handeln, dann sind der Preisgestaltung keine Grenzen gesetzt. Besonders eindrücklich lässt sich das an einem Gemüse festmachen, dass bis vor Kurzem noch als Arme-Leute-Essen galt: Grünkohl.

Verstehen Sie mich jetzt nicht falsch: Grünkohl ist toll! Unsere Vorfahren schätzten es zu Recht als eine gute Möglichkeit, sich in der kalten Jahreszeit mit Vitaminen zu versorgen. Und wie alle Kohlsorten zählt das Wintergemüse traditionell eher zu den kostengünstigen Lebensmitteln, anspruchslos im Anbau, gut im Ertrag. Echte Hausmannskost, die sich jeder leisten kann. Umso verblüffter war ich, als ich im Bio-Supermarkt auf pulverisierten, gefriergetrockneten Grünkohl stieß, zum Kilopreis von – Achtung, kein Tippfehler – 139 Euro! Nun habe ich zugegebenermaßen keine Ahnung, wie viel Grünkohl nötig ist, um dieses Pulver zu erzeugen. Trotzdem scheint mir der Preis doch astronomisch. Was war geschehen?

Der unscheinbare Klassiker der hiesigen Küche war in den USA zum »Superfood« geadelt worden, ein Trend der unter dem Namen »Kale« – die englische Bezeichnung für unser Traditionsessen – zu uns zurückschwappt. Klar, dass das Luxus-Super-Pulver auf gut neudeutsch »Kale« heißt, und nicht einfach nur banal Grünkohl, ebenso wie die Grünkohlchips ein Regal weiter als »kale-os« vermarktet werden. Sie kosten 4,59 Euro für gerade mal 10 Gramm – und damit ungefähr das 50-fache von normalen Kartoffelchips. Wie man einschlägigen Klatschblättern entnehmen kann, bin ich in bester Gesellschaft, wenn ich Grünkohl-Chips knabbere: Hollywoodstar Jennifer Aniston soll diesem Snack angeblich ihren Traumkörper verdanken. Schauspielerin Gwyneth Paltrow, mittlerweile ebenso berühmt für ihr strenges Nahrungsmittelregime wie für ihre Filme, empfiehlt schon zum Frühstück einen Saft aus Grünkohl, Zitrone, Apfel, Ingwer und Minze. Der Fastfood-Riese McDonald's testete im Frühjahr 2015 in neun südkalifornischen Filialen Frühstücksgerichte mit Grünkohl. Und die *New York Times* veröffentlicht auf ihren Kochseiten unentwegt neue Rezepte mit dem Trendgemüse.

Der Angriff auf unseren Geldbeutel

Die Vermarktung von absurd teuren Lebensmitteln funktioniert unter dem Label »Superfood« verblüffend gut. »Superfood« ist in aller Regel sehr exotisch, schwierig zu beschaffen, und irgendwo auf der Welt gibt es ein Naturvolk, das seine bemerkenswerte Langlebigkeit genau diesem Produkt verdankt. Chia-Samen, Goji-Beeren, Spirulina-Algen, Acai-Beeren, der Affenbrotbaum Baobab – alle paar Monate macht eine neue Wunderwaffe im Kampf ums ewige Leben die Runde durch Frauenzeitschriften und Internetforen. In einem Café bei mir um die Ecke etwa kostet die Acai-Bowl, eine Art Müsli mit Trockenfrüchten, in der Basisversion schon 5,90 Euro. Das lässt sich mit einer Extraportion Chia, Goji oder Rohkakao schnell auf über 8 Euro bringen. Für eine Schale Müsli! Sogar Discounter wie Aldi und Lidl sind mittlerweile auf den Superfood-Trend aufgesprungen.

Auf dem hiesigen Markt funktioniert offenkundig am besten, was aus Südamerika kommt. Wenn man irgendeinen Indianerstamm, gerne aus den Anden, marketingtechnisch ausbeuten kann, ist man als Hersteller schon mal weit vorne! Untergegangene Völker, mit uraltem Ernährungswissen, das uns modernen Menschen leider verloren gegangen ist, aber jetzt, wiederentdeckt, dafür sorgen soll, dass wir uns gegen Stress, Zivilisationskrankheiten und andere Beschwernisse behaupten können. Klar, dass so viel Benefit nicht zum Nulltarif zu haben ist.

Ein schönes Beispiel dafür sind Chia-Samen, die seit einiger Zeit die Frühstückspalette gesundheitsbewusster Verbraucher ergänzen, im Müsli oder übers Joghurt gestreut. 2016 konnten die Erzeuger den Absatz beispielsweise in Deutschland um 150 Prozent steigern. »Das wahre Gold der Inka«, heißt es dann, oder »das Urgetreide der Maya«. Die Azteken sollen Chia-Samen sogar vor Schlachten als »Überlebensmahlzeit« eingenommen haben, behaupten Fitness-Apostel. Als »Superfood« ist der Chia-Samen eindeutig noch besser zu vermarkten als Grünkohl, weil man nicht erst Rezeptbücher wälzen muss, sondern die Samen dankenswerterweise einfach nur unter das mischen muss, was man sowieso isst.

Was steckt in den Wundersamen?

Tatsächlich sind Chia-Samen reich an einer ganzen Reihe von Mineralstoffen und Vitaminen, die unser Körper benötigt. Allerdings gibt es bei uns in Europa ein Korn, das mehr oder weniger die gleichen Nährstoffe liefert: Leinsamen. Die kleinen braunen Körnchen enthalten ähnlich viel Kalium, Magnesium und Eisen und vergleichbare Mengen des Vitamins B2. Chia-Samen bieten zwar deutlich mehr Calcium und Vitamin B3, dafür liegt unser heimischer Leinsamen bei Vitamin A, E und Folsäure weit vorne.

Auch wenn nicht überliefert ist, ob germanische Krieger vor ihren Kämpfen gegen die Römer löffelweise Leinsamen zugeführt haben – in seiner Wirkung kann Leinsamen mit den Azteken-Körnern locker mithalten (und gemeinsam haben Azteken, Inkas und Germanen, nebenbei erwähnt, die

Tatsache, dass sie ihren Eroberern, ob mit oder ohne Wunderkorn, schließlich unterlegen waren ...). Was den Nährstoffgehalt angeht, ist es also relativ egal, ob Ihr Müsli Leinsamen oder Chia-Samen enthält. Für Ihren Geldbeutel jedoch ist der Unterschied beträchtlich: Das Kilogramm Chia-Samen kostet im Online-Handel um die 20 Euro. Das Kilo Leinsamen gibt es schon für 3 Euro, das ist weniger als ein Sechstel!

Die EU-Kommission empfiehlt übrigens, pro Tag nicht mehr als 15 Gramm Chia-Samen zu verzehren. Bei dieser Menge relativiert sich der Nutzen der teuren Körnchen dann doch erheblich: 15 Gramm Chia-Samen liefern so viel Vitamin C wie 2 (!) Gramm Apfel und so viel Magnesium wie zwei Scheiben Roggenbrot. Fast immer gibt es zu den exotischen Wunderkörnern oder -beeren einheimische Alternativen, die genau deshalb für uns im Grunde sogar wertvoller sind. Weil sie nicht tausende Kilometer transportiert werden müssen und damit der Umwelt schaden.

Ein weiteres Beispiel dafür ist die Acai-Beere, die dem sündhaft teuren Müsli von weiter vorne den Namen gibt. Hier sind es brasilianische Medizinmänner, tief im amazonischen Dschungel, die angeblich seit Jahrhunderten auf die Heilkraft der dunklen Beeren vertrauen. Und tatsächlich enthalten Acai-Beeren viele Vitamine und Anthocyane – Pflanzenfarbstoffe, die Körperzellen vor freien Radikalen schützen sollen. Besonders wertvoll wäre die Acai-Beere vorrangig für jemanden, der sie frisch geerntet in Brasilien isst. Weil die empfindlichen Früchte aber den Transport zu uns kaum überstehen, werden sie vor Ort getrocknet oder zu Pulpe – das ist eine breiige Masse, die sich konservieren lässt – verarbeitet.

Superfood und seine heimischen Alternativen

Die vermeintlichen Wunderlebensmittel haben eigentlich immer ein Pendant, das ähnliche Nährstoffe liefert, ohne dafür tausende Kilometer zu reisen und Ihren Geldbeutel zu plündern:

Goji-Beeren	Heidelbeeren oder schwarze Johannisbeeren enthalten fast doppelt so viel Vitamin C, für etwa ein Sechstel des Preises.
Acai-Beeren	Holunderbeeren enthalten etwa die gleiche Menge Anthocyan, und im Zweifel sogar kostenlos, am Wegesrand. Andere Lebensmittel mit hohem Anthocyangehalt sind Rotkraut, rote Trauben oder schwarze Johannisbeeren.
Chia-Samen	Leinsamen reisen nicht um die halbe Welt, kosten etwa ein Viertel und liefern mehr Omega-3-Fettsäuren.
Weizengras	…soll mit seinem hohen Chlorophyll-Gehalt (800 mg/100 g) den Körper entgiften. Ganz abgesehen davon, dass diese Wirkung medizinisch höchst umstritten ist: Mehr als etwa 30 Gramm kann der Körper ohnehin nicht aufnehmen, das wäre zum Beispiel in 100 Gramm Brokkoli enthalten.
Quinoa	Kichererbsen enthalten ähnlich viel Magnesium und deutlich mehr Kalium.
Kokoswasser	Die meisten Mineralwasser enthalten ähnliche Mineralien, sind dafür aber im Gegensatz zu Kokoswasser kalorienfrei.

Nun sind Vitamine bekanntlich nur eingeschränkt haltbar, weshalb man jegliches Obst immer möglichst bald nach der Ernte essen sollte – es gibt ja gute Gründe für den Rat, regional und saisonal einzukaufen. Was aber den Anthocyan-Gehalt betrifft: einheimische Lebensmittel wie Rotkohl, rote Trauben, Holunder und schwarze Johannisbeeren liefern ähnlich viel von dem gesundheitsfördernden Pflanzenfarbstoff wie Acai-Beeren, nur für viel, viel weniger Geld…

Die Schattenseiten von Superfood

Manchmal ist »Superfood« vor allem einfach super belastet: die Goji-Beere zum Beispiel. Die kleine rote Frucht stammt ursprünglich aus den bergigen Regionen Chinas, der Mongolei und Tibet. Wieder mal also ein Lebensmittel aus unzugänglichen Regionen der Welt, wo Urvölker seit Jahrtausenden ... Sie kennen das jetzt schon! Wieder mal haben wir es mit hohem Vitaminreichtum und Antioxidantien zu tun, außerdem mit Eisen und mit »21 wichtigen Spurenelementen (darunter Germanium), die es aufgrund der oft ausgelaugten landwirtschaftlichen Böden in unseren Grundnahrungsmitteln heute kaum noch gibt«.

Dieses euphorische Lob stammt von der Internetdomain »Zentrum der Gesundheit«, einer Seite, der die Hamburger Verbraucherzentrale vorwirft, ein großes Verkaufsinteresse an den besprochenen Produkten zu verfolgen. Folgerichtig kann man auf der Seite über Goji-Beeren diese auch online bestellen, zum Beispiel als Saft für stolze 12,90 Euro pro halbem Liter. Fast schon ein Schnäppchen: In meinem Supermarkt kostet die gleiche Menge Bio-Goji-Beeren-Saft sogar fast 20 Euro ...

Nun ist diese Werbung mit Bezug auf unsere raubbauartige Landwirtschaft besonders absurd: Die bei uns im Handel erhältlichen Goji-Beeren kommen meistens aus China. Die chinesische Landwirtschaft ist nicht unbedingt dafür berühmt, sich konsequent an Umweltstandards zu halten. Das Chemische und Veterinäruntersuchungsamt Stuttgart hat Anfang 2010 15 Proben getrockneter Goji-Beeren untersucht. Ergebnis:

13 von 14 Proben (93 Prozent) konventionell angebauter Goji-Beeren mussten aufgrund von Höchstmengenüberschreitungen des Insektizids Acetamiprid beanstandet werden! Eine Probe wies zusätzlich eine Überschreitung der Höchstmenge des Fungizids Chlorthalonil auf. Insge-

samt wurden in den 14 Proben aus konventionellem An-
bau 34 unterschiedliche Pestizide nachgewiesen, wobei
durchschnittlich 12,9 verschiedene Pestizide pro Beeren-
probe mit einem Maximum von 19 verschiedenen Wirk-
stoffen in einer Beerenprobe festgestellt wurden.

Nur Goji-Beeren aus ökologischem Anbau blieben unbeanstandet, wiesen aber immerhin noch Spuren zweier Pestizide auf. Die Wunderbeeren als Giftbomben?

Im Falle der Goji-Beeren gibt es obendrein dringende gesundheitliche Gründe, die Beeren lieber nicht zu essen, zumindest in Verbindung mit bestimmten Medikamenten: 2013 hat das Bundesinstitut für Arzneimittel und Medizinprodukte vier Fallberichte veröffentlicht, wo Tee oder Saft aus Goji-Beeren in lebensbedrohlicher Weise mit Gerinnungshemmern interagierte. Gerinnungshemmer gehören zu den gängigen Medikamenten etwa für Menschen mit Schlaganfall- oder Thrombose-Risiko oder für Patienten, die an Herzrhythmusstörungen leiden. Die betroffenen Personen erlitten lebensgefährliche Blutungen, und die behandelnden Ärzte führten diese auf die Wechselwirkung zwischen dem Medikament und den Goji-Beeren zurück.

Trinkwasserexport mit Folgen

Zu den größten Stars unter den Superlebensmitteln gehört die Avocado. 2015 waren Gerichte mit Avocado die Nummer eins beim sozialen Netzwerk Pinterest, wo begeisterte Köche Speisefotos teilen. Die Einfuhrmenge der grünen Exotin hat sich in wenigen Jahren fast verdreifacht. Gerade Vegetarier und Veganer schätzen die fettreiche Frucht als Butteralternative auf dem Brot. Und dann die vielen segensreichen Inhaltsstoffe …

Leider sind die Folgen dieses Booms in den Erzeugerländern weniger segensreich. Bei Recherchen in Brüssel Ende 2016 zeigt mir Martin Häussling, der landwirtschaftliche Sprecher der Grünen im EU-Parlament, Fotos von seiner letzten Reise: ausgetrocknete Flussbetten und eine verwüstete Landschaft in Chile – Folge der Expansion des Avocado-Anbaus. Für 1 Kilo der grünen Superfrucht mit dem großen Kern werden bis zu 1000 Liter Wasser verbraucht – in Ländern, wo Wasser ohnehin ein kostbares Gut ist. »Im Grunde exportieren Entwicklungsländer so ihr Trinkwasser zu uns«, erklärt mir Häussling.

Sind die Avocados erst mal in Europa, geht der Wahnsinn weiter: »Ready to Eat« heißt das Zauberwort. Damit man die empfindlichen Früchte einigermaßen gut transportieren kann, werden sie noch unreif und hart geerntet. Kein Problem an sich, weil sie auch nach der Ernte noch gut weiterreifen. Weil aber modernen Kunden nicht zugemutet werden soll, dass sie einfach warten, bis ihre Avocado verzehrbereit ist, verbrauchen die Früchte nach ihrer Ankunft bei uns noch mal Energie: In Kühlhäusern warten sie darauf, bis sie den idealen Reifegrad erreicht haben. Und weil sie dann nicht mehr gut transportiert werden können, weich wie sie nun sind, bekommen sie noch eine schützende Plastikschale. Noch mehr Ressourcenverschwendung geht kaum …

Es gibt übrigens durchaus schonendere Varianten für Avocadoliebhaber: Die Früchte wachsen auch in Spanien. Dort gibt es einzelne Bauern, die mit sparsamen Bewässerungsmethoden arbeiten, das Nachreifen ihren Kunden überlassen und Avocados nur während der Erntesaison vermarkten.[70] Für einen fleischlosen Genuss ohne schlechtes Gewissen.

---

70 www.frutas-biobena.com, www.avocadoshop.biz

Markterfolg als Bumerang

Die Avocado ist nicht das einzige Supernahrungsmittel mit gar nicht so super anmutenden Folgen für die Erzeugerländer. Das Jahr 2013 erklärte der damalige UN-Generalsekretär Ban Ki-moon zum »Jahr der Quinoa« – die anspruchslose Pflanze sollte, so der Koreaner, einen wichtigen Beitrag zur Bekämpfung des Hungers in der Welt leisten, weil sie auch in regenarmen Gegenden gut wächst. Zu diesem Zeitpunkt war Quinoa jedoch schon dabei, eine Karriere zu machen, die für ihre Herkunftsländer zum Problem werden sollte – als supergesunde Getreidealternative ernährungsbewusster Europäer.

Die traditionelle Feldfrucht aus den Anden ist ein unscheinbares Kraut. Ihre Samen jedoch, kleine Körner, die ein bisschen aussehen wie Hirse, sind glutenfrei und reich an Eiweiß. Die Inkas verwendeten sie in der Küche ähnlich wie Reis. Zu Zeiten der spanischen Eroberer war der Anbau bei Todesstrafe verboten – die Conquistadores wollten ihre indianischen Gegner so schwächen. Andenvolk, Nährstoffreichtum – damit ist Quinoa geradezu dafür prädestiniert, in die Superfood-Liga aufzusteigen! In Bio-Läden steht Quinoa heute bei uns selbstverständlich im Regal. Kantinen servieren Quinoa-Pfannen. Sogar im Kochbeutel kann man den sogenannten Inka-Reis inzwischen kaufen. Dabei ist Quinoa – typisch Superfood eben – richtig teuer: 18 Euro das Kilogramm … Reis bekommt man ab unter einem Euro.

Weil wir Europäer so gerne bereit sind, die Körner aus den Anden für viel Geld zu kaufen, sind die Handelspreise explodiert. Schweizer Reporter haben das für den *Tagesanzeiger* 2013 recherchiert: Auf dem Weltmarkt wurden zu dieser Zeit 3200 US-Dollar pro Tonne erzielt, fast dreimal so viel wie fünf Jahre zuvor. Damit wurde die traditionelle Pflanze für die Einheimischen zu teuer. Und weil viele bolivianische Bauern, angelockt vom hohen Vermarktungspotenzial der

Pflanze, nun lieber Quinoa anbauten als Grundnahrungsmittel wie Kartoffeln, Hafer oder Bohnen, fürchteten Fachleute, so der *Tagesanzeiger*, um die Ernährungssicherheit der heimischen Bevölkerung. Und das in einem Land, wo ohnehin schon jedes fünfte Kind an Unterernährung leidet. Gleichzeitig bedrohte der immer exzessivere Quinoa-Anbau das empfindliche Ökosystem in den Anden.

Die nächste Pflanze mit einer ähnlichen Karriere könnte das Getreide Teff werden. Die unvermeidliche Gwyneth Paltrow hat sich bereits als Fan geoutet, Victoria Beckham ebenfalls. Frauenzeitschriften jubeln über das nächste Mitglied der Superfood-Familie. Die glutenfreie Hirseart enthält noch mehr Kalzium als Quinoa und ist auch sonst reich an Nährstoffen. In deutschen Bio-Läden geht Teff-Mehl für 10 Euro das Kilogramm über den Tresen – selbst hochwertigstes Bio-Weizenmehl kostet nur ein Zehntel... Teff wird hauptsächlich in Äthiopien angebaut, also einem der ärmsten Länder der Erde. Dort wächst auf etwa 30 Prozent der gesamten Ackerfläche dieses kleinstkörnige Getreide der Welt. Man backt daraus Injera, ein schwammartiges Fladenbrot, das als Grundnahrungsmittel der Äthiopier dient – billig, nährstoffreich, gerade für die Landbevölkerung kaum zu ersetzen.

In einem Land, wo über die Hälfte der Bevölkerung mit weniger als 1 Dollar pro Tag auskommen muss, könnte die frisch erwachte Teff-Leidenschaft in den westlichen Industrieländern für Äthiopien schnell zu einem ähnlichen Problem werden wie der Quinoa-Hype für Bolivien. Die äthiopische Regierung hat deshalb erst mal ein Exportverbot für das gefragte Getreide erlassen. Nur mit Lizenz darf Teff noch ausgeführt werden. Ob das den Boom stoppen kann? Wo Superfood mit Supereigenschaften für Supergewinne sorgt, bleiben Vernunft und Augenmaß gerne mal auf der Strecke.

Die Süße der Agave

Oft ist das, was irgendwie natürlich, irgendwie besonders und irgendwie ursprünglich klingt, viel weniger hochwertig, als uns seine Vermarkter glauben machen wollen. Jeder, der Kinder hat, kennt vermutlich die Suche nach »gesünderen« Alternativen zum Süßen. Was den Kaloriengehalt betrifft, ist es zwar eigentlich fast egal, ob der Tee durch Zucker oder Honig süß schmeckt. Auch Dicksäfte aus Früchten liegen nur knapp unter der Energiemenge aus Zucker. Aber irgendwie fühlen sich die Alternativen nun mal weniger böse an.

Genau diesem Gefühl ist der Siegeszug von Agavendicksaft zu verdanken. Wir treffen dabei auf die üblichen Verdächtigen: eine ganz alte Kulturpflanze, Mexiko, also weit weg, und wohnen da nicht auch Indianer? Kein Wunder also, dass der süße Saft inzwischen zum Standardsortiment von Bio-Läden gehört und in zahlreichen deutschen Haushalten den bösen weißen Zucker ersetzt. Und klar, dass so viel Natur auch etwas teurer sein muss als Zucker.

Nun ist das Bild, wie der Ur-Mexikaner, vor gleißender Sonne geschützt durch einen Sombrero, seine traditionelle Süße aus Agavenblättern zapft, zwar schön – es hat aber leider wenig mit der Realität zu tun. Tatsächlich ist Agavendicksaft meist ein hoch prozessiertes Industrieprodukt. Denn die traditionelle Methode, den süßen Saft zu gewinnen, ist teuer und langwierig. Dabei wird der innere Kern der Agave entfernt. In dem so entstandenen Loch sammelt sich langsam der leicht verderbliche Saft. Diesen muss man filtern, erhitzen und eindicken, um ihn haltbar zu machen. So weit die Tradition.

In der Gegenwart – und erst recht, seit Agavendicksaft zur weltweit erfolgreichen Zuckeralternative hochgejubelt wurde – kann man die Süße aus den Agavenwurzeln auch mithilfe von Fluorwasserstoff und Schwefelsäure extrahieren. Das erspart die Wartezeit und ermöglicht die industrielle Produktion des gewinnträchtigen Sirups. Dafür ist Agavendicksaft relativ teuer: 350 Gramm konventioneller Ware kosten etwa bei Rewe 2,69 Euro, deutlich mehr als zum Beispiel heimischer Honig vergleichbarer Qualität oder gar schlicht Zucker.

Wissenschaftliche Scheinbelege

Superfood ist übrigens kein gesetzlich geschützter Begriff. Aber manchmal reicht es ja schon, bestimmte Botschaften oft und aggressiv genug zu wiederholen, und sie sickern so nachhaltig in unser kollektives Bewusstsein ein, dass sie zwangsläufig bestimmte Assoziationen auslösen. So führen Hersteller, die uns Wunder wirkende Beeren, Körner und andere Heilsbringer verkaufen wollen, eigentlich immer eindrucksvolle Studien an, in denen angeblich nachgewiesen wird, wie die Inhaltsstoffe eben dieses Lebensmittels Krebs verhindern, das Immunsystem stärken oder sonst irgendwie extrem gesund machen. Eine Strategie, die gut funktioniert: Die British Dietetic Association hat ermittelt, dass 61 Prozent der Befragten schon einmal ein Lebensmittel nur deshalb gekauft haben, weil es als »Superfood« bezeichnet wurde.

Uns muss dabei gar nicht mehr erzählt werden, was genau die Produkte eigentlich bewirken. Das wäre übrigens auch gar nicht erlaubt: Die »Health Claims Verordnung« der EU beschränkt die direkte Werbung mit gesundheitsfördernden Effekten stark. Gut also, wenn man ein Branding so effektiv etabliert hat wie den Begriff Superfood. So muss man keine teuren Prozesse gegen staatliche Behörden führen und kann seine Erzeugnisse dennoch zu hohen Preisen an den Konsumenten bringen. Diese Marketingstrategie hat es bis in renommierte Wörterbücher geschafft. Im Oxford English

Dictionary wird Superfood als »ein nährstoffreiches Lebensmittel, das als für Gesundheit und Wohlbefinden besonders förderlich erachtet wird«, definiert.

Studien, die die positive Wirkung einzelner Lebensmittel oder deren Bestandteile nachweisen wollen, stehen methodisch praktisch immer auf tönernen Füßen. Bei einem so komplexen Thema wie Ernährung und angesichts der Vielzahl von Lebensmitteln, zusammengesetzt aus unzähligen Einzelwirkstoffen, ist es ungeheuer schwierig, eine einzelne Substanz als Ursache für einen gesundheitlichen Effekt auszumachen.

Für die Studien, die den Nutzen von Superfood belegen sollen, gilt dies in besonders drastischem Ausmaß. Das Europäische Informationszentrum für Lebensmittel EUFIC, eine gemeinnützige Organisation, die sich um wissenschaftlich fundiere Informationen zum Themenbereich Ernährung und Gesundheit bemüht, hat auf seiner Homepage eine ganze Reihe von Studien analysiert, die sich mit den angeblich segensreichen Auswirkungen von Superfood beschäftigen. EUFIC kommt zu dem Schluss, dass diese Studien wenig aussagen, schon weil dabei in aller Regel nicht das als Superfood beworbene Lebensmittel selbst erforscht wird, sondern nur eine herausgelöste Substanz, und die oft in viel größeren Mengen, als durch banalen Lebensmittelverzehr zu schaffen wäre:

Bei der Auswertung der Studien dürfte allerdings noch stärker ins Gewicht fallen, dass bei vielen Arbeiten Tiere, wie etwa Ratten, als Bezugsmodelle genommen werden, oder dass In-vitro-Experimente mit isolierten Kulturen menschlicher Zellen durchgeführt werden. Anhand solcher Forschungsarbeiten erhalten Wissenschaftler zwar eine Vorstellung von den Gesundheitseigenschaften und physiologischen Mechanismen bestimmter Bestandteile von Nahrungsmitteln. Es besteht aber keine Garantie, dass diese Bestandteile beim Menschen nach dem Verzehr dieselben Wirkungen erzie-

len. Das Untersuchen der Wirkungen im Menschen ist eine komplexe Aufgabe: Ernährungsweise, Gene und Lebensstil unterscheiden sich von Mensch zu Mensch; dies erschwert die Analyse der Auswirkungen von Nährstoffen auf die Gesundheit. Dementsprechend ist beim Erforschen der Einflüsse auf den Menschen ein anderer Ansatz zugrunde zu legen als bei Studien an Zellkulturen oder Tieren.[71]

Kurz zusammengefasst: Ob sich diese Erkenntnisse überhaupt auf den Menschen übertragen lassen, ist mehr als zweifelhaft. Ein anderer Pferdefuß ist oft die geringe Teilnehmerzahl. So etwa bei einer Untersuchung, die nachweisen wollte, dass Goji-Beeren das allgemeine Wohlbefinden, die Gehirnleistung und die Verdauung verbessern. Sie kam mit nur 34 Probanden aus und erstreckte sich über den kurzen Zeitraum von zwei Wochen. Oder Weizengras, ein weiterer Dauerbrenner in der Superfood-Welt, das unter anderem gegen Darmentzündung helfen soll: Die Studie, die dies angeblich belegt, hatte gerade mal 23 Teilnehmer.

Zu den Problemen mit dem Begriff gehört auch die darin implizierte Herabsetzung anderer Lebensmittel: Karotten, Sellerie oder Äpfel sind im Zweifel mindestens genauso super, nur eben viel weniger gewinnträchtig zu vermarkten. Am Ende bleibt eine recht einfache Erkenntnis: Lebensmittel sind meist nicht besser, weil sie exotischer sind. Sie lassen sich nur besser verkaufen. Wer gerne mehr Geld dafür ausgeben mag, dass ein Produkt ausgefallener ist als das, was der heimische Acker so hergibt, kann das natürlich tun. Aber wer auf Superkörner oder Wunderbeeren setzt, weil er sich davon einen gesundheitlichen Mehrwert verspricht, nutzt in erster Linie dem Geldbeutel der Produzenten.

---

71 http://www.eufic.org/en/healthy-living/article/the-science-behind-superfoods-are-they-really-super

Checkliste für mündige Kunden

▶ Wenn schon Superfood, dann wenigstens Bio und noch besser Produkte mit Fairtrade-Siegel – damit mindert sich zumindest das Pestizid-Problem, und Sie sorgen für bessere Lebensverhältnisse im Erzeugerland.

▶ Wer partout nicht zu heimischen Alternativen greifen mag: Einige Superfood-Artikel gibt es auch aus heimischer oder wenigstens europäischer Erzeugung. Dass diese Produkte oft noch mal teurer sind als ihre Konkurrenz vom anderen Ende der Welt, wirft kein gutes Licht auf die dortigen Produktionsbedingungen.

▶ Kaufen Sie diese Produkte keinesfalls aus gesundheitlichen Gründen: All die Nährstoffe, die Sie so einsammeln wollen, nehmen Sie höchstwahrscheinlich eh schon in ausreichender Menge zu sich. Und auf Vorrat gesünder essen funktioniert leider nicht.

▶ Wer mit gutem Gewissen essen will, sollte sich Exoten wie Avocados als gelegentliche Delikatesse gönnen, nicht als Alltagsessen.

Teil 4: Was uns die Industrie auftischt

Schon der Einkauf von Fleisch oder Gemüse ist für kritische Verbraucher eine Herausforderung, weil uns der Gesetzgeber so oft alleine lässt bei der Suche nach anständig erzeugten Lebensmitteln. Noch komplizierter wird die Sache, wenn jemand anderes für uns gekocht, gebacken oder auch nur Zutaten zusammengemischt hat. Denn die ohnehin schon extrem industriefreundlichen Vorschriften, was wie gekennzeichnet werden muss, werden endgültig zur Farce, wenn es um *verarbeitete* Lebensmittel geht.

Auf den ersten Blick scheint die Gesetzeslage klar – alles, was drin ist, muss draufstehen. Im Prinzip. Denn ab jetzt wird es kompliziert: Wenn nämlich zum Beispiel eine Substanz nur als Hilfsstoff bei der Zubereitung verwendet wird, im fertigen Produkt aber nicht mehr nachweisbar ist, dann muss dieser Hilfsstoff – etwa ein Enzym beim Brotbacken – nicht ausgewiesen werden.

Wir kaufen also oft die Katze im Sack. Und für die bezahlen wir auch noch unverhältnismäßig viel Geld. Während Dreharbeiten in einem Supermarkt habe ich einmal spaßeshalber den Preis der Zutaten in einer Packung Miracoli, jener Kombination aus Nudeln, Soße, Gewürzmischung und Käse des US-Lebensmittelriesen Mars Incorporated, zusammengerechnet. Mit konventionellen Dosentomaten, Nudeln und Käse aus dem gleichen Supermarkt landete ich bei etwa einem Fünftel des Verkaufspreises der Miracoli-Packung. Alle Zutaten in Bio-Qualität hätten immer noch nur halb so viel gekostet, und ich hätte echten Parmesan auf dem Teller gehabt, nicht das trockene Gekrümel namens Pamesello.[72] Und wir reden hier nicht von einem aufwändig und nur mit großen Fachkenntnissen zu erstellenden Gericht – sondern von Spaghetti mit Tomatensoße, einer Speise, die mein Sohn schon als Grundschulkind kochen konnte.

Zugegeben: Bekocht werden ist manchmal wunderbar. Wer berufstätig ist und eine Familie satt bekommen möchte, kann nicht immer alles selbst machen. Gerade bei Brot habe ich immer die anderen Kindergartenmütter gefürchtet, die mir von ihrem selbst gebackenen Brot vorgeschwärmt haben. Wann um Himmels willen hätte ich denn neben Beruf, Familie und gelegentlichem Privatleben auch noch Brot backen sollen? Umso wichtiger aber ist es, dass wir eine Chance bekommen, genau zu wissen, was wir da kaufen und essen.

---

72 Viele Jahre lang hieß der Streukäse Parmesello, wohl um eine Parmesan-Anmutung in den Köpfen der Kundschaft auszulösen. Vor einiger Zeit hat der Hersteller das »r« gestrichen – Parmesan ist eine geschützte Bezeichnung ...

10. Unser täglich Brot

Ich bin in Stuttgart aufgewachsen. Um die Ecke von unserer Wohnung im Heusteigviertel gab es damals den Bäcker Waible – ein Familienunternehmen, das in der ganzen Stadt bekannt war für seine Laugenbrezeln. Die Waible-Brezeln waren so begehrt, dass sich mehrmals am Tag lange Schlangen bildeten. Nämlich immer dann, wenn es frische Brezeln gab. Teilweise standen die Kunden bis auf die Straße.

Ich habe keine Ahnung, was die Waible-Brüder damals in ihren Teig rührten und ob sie ihn ordentlich ruhen ließen. Aber der Andrang lässt mich vermuten, dass dort so gebacken wurde, wie es sich eigentlich gehört – mit handwerklichem Sachverstand. Zu jener Zeit gab es im Umkreis unserer Wohnung mindestens vier Bäcker, die alle wenige Gehminuten entfernt lagen. Alle vier hatten eine Backstube, in der sie ihr Handwerk ausübten. Das konnte ich deutlich riechen, wenn ich morgens zur Schule ging – der Duft nach frisch Gebackenem zog aus den Fenstern der Backstuben auf die Straße.

Es gab allerdings bei uns im Viertel schon damals einen Laden, der nicht vor Ort backte: Er gehörte zu einer Kette, deren Filialen in ganz Stuttgart verteilt lagen und die von einer zentralen Großbäckerei beliefert wurden. In dieser Bäckerei roch es weniger verlockend – den Duft, wenn es bei den Waibles die nächste Ladung frischer Brezeln gab, habe ich bis heute in der Nase. Dafür hatte die Filiale der Großbäckerei ein ausgefalleneres und vor allem vielfältigeres Sortiment. Eine Bäckerei wie die der Waibles wäre heute fast schon ein Museumsstück. Auch im Umkreis meiner heutigen Wohnung in München gibt es viele Bäckereien. Aber frisch gebacken wird dort nicht mehr. Sie gehören alle zu großen Ketten und beziehen ihre Ware aus einer Art Brotfabrik. Das Problem mit dem feinen Duft haben die Marketingstrategen dieser Großbäckereien gelöst: Brezeln und Brötchen werden als tiefgefrorene

Teigrohlinge angeliefert und im Laden fertig gebacken. Mit den köstlichen Genüssen meiner Kindheit haben diese Teiglinge jedoch nichts mehr zu tun. Sie enthalten viel Luft und werden binnen kurzer Zeit steinhart.

Und selbst diese besseren Aufbackstationen sind in ihrer Existenz bedroht: Die großen Lebensmittelketten sind gerade dabei, das Geschäft mit Brot und Brötchen zu übernehmen. Statt einer Bäckereifiliale im Eingangsbereich gibt es immer öfter automatisierte Aufbackeinrichtungen der Händler selbst, etwa bei Lidl oder Aldi. Noch billiger, noch schneller – das ist schlecht fürs Bäckerhandwerk, vor allem aber ist es schlecht für uns Kunden. Nicht nur weil da ein Stück unserer Lebensmittelkultur verloren geht – viele der Probleme, die immer mehr Menschen mit Weißmehl zu haben glauben, könnten auch eine Folge dieses Prozesses sein.

Das große Sterben

Der Strukturwandel im Bereich des Bäckerhandwerks ist dramatisch: Noch 1956 gab es in Deutschland 55 000 Handwerksbetriebe, die jeden Tag den Ofen anheizten. Ende 2016 waren davon nur noch etwa 11 000 übrig. Als Verbraucher bemerkt man diesen Prozess kaum: denn die 11 000 Betriebe hatten 47 000 Verkaufsstellen. Unsere Versorgung mit frischen Brötchen um die Ecke hat sich also kaum verschlechtert. Aber sie werden irgendwo zentral gebacken. Die durchschnittliche Bäckerei heute hat statistisch 23,3 Mitarbeiter.[73] Etwa zwei Drittel des Umsatzes verbuchen Großbäckereien mit mehr als 5 Millionen Euro Jahresumsatz – Industriebrot.

Diese Entwicklung macht sich in unserem Geldbeutel deutlich bemerkbar: Für einen Laib Brot musste ein durch-

---

73 https://www.baeckerhandwerk.de/baeckerhandwerk/zahlen-fakten/

schnittlicher Westdeutscher 1960 noch 19 Minuten arbeiten. Heute hat er den nötigen Betrag schon in weniger als
10 Minuten verdient. Leider hat aber das, was wir da zum
Schnäppchenpreis kaufen, nicht mehr viel mit dem Brot der
1950er-Jahre zu tun. Denn damit Brot richtig gut schmeckt,
benötigt es viel Zeit und Handarbeit.[74] Weil aber Personal ein
großer Kostenfaktor ist, backen Deutschlands Bäcker inzwischen meistens mit Backmischungen. Ein Journalistenkollege
war vor einigen Jahren für die Sendung »quer« im Bayerischen
Fernsehen unterwegs – auf der Suche nach einem Bäcker, der
eine »g'scheite Brezn« backt: Selbst in den Backstuben von
vermeintlichen Handwerksbetrieben stieß er dabei auf große
Säcke mit Fertigmischungen.

Anfang der 1990er-Jahre habe ich einige Jahre in Dres-
den gelebt und dort live miterlebt, wie die schmackhaften
DDR-Backwaren – ja, die Brötchen im Sozialismus waren
richtig gut! – von Industrieerzeugnissen verdrängt wurden.
In Goldgräberstimmung überrollten die Vertreter der Back-
mischungshersteller das ostdeutsche Bäckerhandwerk. Für
die ARD-»Lebensmittelchecks« haben wir vor ein paar Jahren
mit Tim Mälzer in einer Bäckerei in Eberswalde bei Berlin
gedreht. Der Besitzer hat uns geschildert, wie er das damals
erlebte: »Wir waren als Bäcker nach der Wende eingeladen in
West-Berlin und haben wochenweise Lehrgänge gemacht, bei
denen uns das alles vorgeführt wurde«, berichtete er uns. »Aber
den Kunden hat das nicht geschmeckt, sodass wir das mit der
Zeit hinterfragt haben. Zudem waren wir nur noch der Hand-
langer von Zulieferern. Ich will aber als Bäcker authentisch
sein und Herr über meinen Prozess bleiben.« Der Bäcker hat
seinen Betrieb wieder umgestellt – heute ist »DDR-Brötchen«

---

74 Die Wochenzeitung *Die Zeit* hat 2014 eine interaktive Deutschlandkarte mit Bäckern, die
     handwerklich backen, veröffentlicht: http://www.zeit.de/zeit-magazin/essen-trinken/2014-11/
     baeckerei-brot-backen-handwerk-deutschland-karte

ein Verkaufsargument, mit dem handwerklich arbeitende Bäcker in den östlichen Bundesländern werben.

Siegeszug der Backmischungen

Der Eberswalder Bäcker ist eher die Ausnahme. Die große Masse seiner Kollegen verrührt Wasser mit Pulver und verbackt das Ergebnis zu Brot, das mit einem klassisch handwerklich gearbeiteten Brot nur den Namen gemeinsam hat. Bei Dreharbeiten in der Münchener Hofpfisterei habe ich gelernt, woran das liegt: Brot backen benötigt viel Know-how und Erfahrung. Luftdruck, Luftfeuchtigkeit, Raumtemperatur – alles Faktoren, die das Gelingen beeinflussen. Während der Teig ruht, arbeiten die Hefen daran, einen lockeren elastischen Teig zu erzeugen – das dauert mindestens 24 Stunden und muss immer wieder überprüft werden.

Handwerklich produzierte Teige haben aus Industriesicht große Nachteile: Sie sind zum Beispiel meist zu zäh, um sich maschinell verarbeiten zu lassen. Weil es aber enorm Kosten spart, wenn nicht der Lehrling die Brötchen formt, sondern die Maschine, werden Zusatzstoffe beigefügt, die den Teig geschmeidiger machen. Großbäcker argumentieren hier gerne mit Hygiene: Keine Hand hat ihren Teig je berührt. Ich finde das eher schade – mir gefällt die Vorstellung, wie der Bäcker auch mit seinem Fingerspitzengefühl dazu beiträgt, dass mein Brot gut schmeckt!

Mehr Luft im Brot vergrößert ebenfalls die Gewinnspanne – und damit die Backwaren trotzdem nicht zu schnell austrocknen, gibt es weitere Zusatzstoffe. Mehr Volumen, eine appetitliche Farbe, Wohlgeruch – für praktisch jeden Nachteil eines Industriebrotes gibt es ein Mittel, das für eine möglichst authentische Anmutung sorgt. Über 200 solcher Zusatzstoffe sind für Brot in der EU zugelassen – Brot ist das Lebensmittel, bei dem die Industrie am großflächigsten mit Zusatzstoffen arbeitet. Lediglich bei Bio-Brot sind deutlich weniger Zusatzstoffe erlaubt. Dabei würde ein Bäcker, der sein Handwerk versteht, im Grunde komplett ohne Zusatzstoffe auskommen, sieht man vielleicht mal von der Natronlauge für Brezeln ab, die lebensmittelrechtlich auch als Zusatzstoff gilt.

Jedes verpackte Lebensmittel in Deutschland muss seine Zutaten offenlegen. Bei »loser« Ware wie offen verkauftem Brot ist das anders: Bäcker sind nicht nur nicht verpflichtet, den Kunden bei lose verkaufter Ware die Zutatenliste automatisch mitzuliefern. Sie müssen diese Liste nicht mal auf Nachfrage vorzeigen können – solche Zutatenverzeichnisse sind freiwillig! Deshalb bekommen wir beim Kaufen in der Regel gar nicht mit, was wir da eigentlich essen. Und gerade bei Brot lässt der Gesetzgeber ohnehin eine Lücke in Scheunentorgröße – auch bei abgepackten Produkten!

Die Wunderwelt der Enzyme

Eine Stoffgruppe wird in industriell erzeugtem Brot praktisch immer großflächig verwendet, gilt aber bizarrerweise lebensmittelrechtlich nicht als Zutat und muss deshalb auch nicht auf der Zutatenliste auftauchen: Enzyme. Laut Wikipedia-Definition sind das Stoffe, »die aus biologischen Riesenmolekülen bestehen und als Katalysator eine chemische Reaktion beschleunigen können. Die meisten Enzyme sind Proteine.« Diese Definition beschreibt bereits grob, was Enzyme für den Teig tun: Im Wesentlichen gleichen sie die fehlende Zeit und Handarbeit aus. So schafft es ein Sauerteig mit Enzym-Turbo zuverlässig in nur sechs Stunden zur Teigreife, bei stets gleicher Konsistenz. Gerade Letzteres ist wichtig, damit sich der Teig maschinell gut verarbeiten lässt und nicht die Maschinen verklebt. Enzyme sind nicht gesundheitsschädlich – aber sie sind ein wichtiges Indiz für uns Verbraucher, wie das Brot entstanden ist. Deswegen wäre es für uns schon interessant zu wissen, ob Enzyme zum Einsatz gekommen sind.

Wieder mal sorgt der Gesetzgeber hier allerdings eher für die Interessen der industriellen Großbäcker. Sogenannte Verarbeitungsstoffe, die während des Herstellungsprozesses zugeführt und später wieder entfernt werden und damit im Endprodukt nicht vorhanden sind, müssen nicht auf der Zutatenliste stehen. Nun kann ein Backfabrikant natürlich nicht die Enzyme aus dem fertigen Brot herausklauben – die sind ja verbacken … Weil aber Enzyme beim Erhitzen unwirksam und als inaktive Proteine vom Körper verdaut werden, gehen die Hersteller davon aus, dass die Enzyme im Endprodukt sozusagen »nicht mehr vorhanden« sind und daher als Verarbeitungshilfsstoff gemäß der Gesetzgebung angesehen werden können. Verbraucherfreundlich ist das aus meiner Sicht nicht.

Der böse Weizen

Denn auch wenn Enzyme selbst uns gesundheitlich nicht schaden, so könnten sie doch ein Hinweis dafür sein, warum unser Brot uns Bauchgrimmen bereitet. Ausgerechnet dieses wichtige Grundnahrungsmittel ist in den vergangenen Jahren schwer in Verruf geraten. Immer mehr Menschen glauben, dass sie das in vielen Getreidesorten enthaltene Klebereiweiß Gluten nicht vertragen. Weizen gilt vielen geradezu als giftig. Diverse selbst ernannte Experten scheffeln mit Büchern wie »Weizenwampe« oder »Dumm wie Brot« ein Vermögen und erklären den Getreideverzehr zur Ursache praktisch aller Zivilisationskrankheiten.

Wissenschaftlich begründet ist das nicht: Weniger als 1 Prozent der Deutschen, Österreicher und Schweizer leiden an Zöliakie, einer Krankheit, die tatsächlich dazu führt, dass die

Betroffenen kein Gluten essen dürfen. Maximal 5 Prozent der Bevölkerung reagieren auf Weizen mit allergischen Symptomen. Aber fast 15 Prozent glauben, dass ihnen Weizen nicht bekommt – und das oft ohne ärztliche Diagnose.

Der Feldzug gegen den vermeintlich so bösen Weizen ist dabei von vielen Irrtümern und Halbwahrheiten geprägt. So wird beispielsweise gerne Hildegard von Bingen bemüht, die schon im 11. Jahrhundert die Vorzüge von Dinkel gegenüber Weizen gepriesen habe. Das ist schlicht falsch: In ihren Schriften, etwa der »Physica«, bezieht sich die Universalgelehrte durchgängig auf Weizen. Überhaupt gilt Dinkel vielen als besser, weil ursprünglicher... Auch falsch: Tatsächlich belegen archäologische Funde, dass es Weizen in Europa schon sehr viel früher gab als Dinkel.[75] Und dann die immer wieder wiederholte These, dass unser Weizen heute ernährungsphysiologisch etwas ganz anderes sei als der Weizen unserer Vorfahren...

Aber auch das stimmt nicht: In Wien sitzt die Internationale Gesellschaft für Getreidewissenschaft und -technologie, die seit 1955 als unabhängige Organisation ein Forum für Getreideexperten weltweit bietet. In Deutschland gehört zum Beispiel das staatliche Max-Rubner-Institut zu den Mitgliedern. Es handelt sich hier also nicht um eine Lobbyorganisation, sondern um eine Plattform für fundierte Forschung. In deren Auftrag hat die Ernährungswissenschaftlerin Julie Jones von der St. Catherine University im US-Bundesstaat Minnesota sich mit den Thesen der Weizengegner beschäftigt. Zum Beispiel mit der Angst, durch »Überzüchtung« sei das einst gesunde Getreide so stark verändert worden, dass es gewissermaßen degeneriert und dadurch schädlich geworden sei. Sie kommt dabei zu folgendem Ergebnis:

---

75 Eine Schweizer Forscherin hat den Stand der Forschung dazu in einem Artikel gut zusammengefasst: http://www.getreidezuechtung.ch/files/dinkel_abstammung_zzukunft_am_2.pdf

Pflanzen können nur solche Proteine bilden, für die sie auch den entsprechenden DNA-Code besitzen. Die Herstellung eines einzigartigen Proteins erfordert eine Mutation der DNA oder RNA. Durch Umwelteinflüsse kann die Ausprägung bestimmter Proteine bewirkt oder verhindert werden, aber es können keine Proteine kodiert werden, die nicht im Genom enthalten sind. Daher kann eine Hybridisierung des Weizens auch keine einzigartigen Proteine hervorrufen.[76]

Tatsächlich sind alle Weizensorten, die weltweit angebaut werden, durch herkömmliche Zuchtmethoden entstanden. Es gibt keine einzige genmanipulierte Sorte, die für den kommerziellen Anbau zugelassen wäre.

Warum also glauben trotzdem so viele Verbraucher, dass ihnen Weizenbrot nicht guttut, Brot aus Dinkel oder den Urgetreidesorten Emmer und Urkorn aber sehr wohl? Obgleich sich alle diese Getreidearten ernährungsphysiologisch praktisch nicht unterscheiden? Forscher der Universität Hohenheim haben für dieses Phänomen möglicherweise eine stichhaltige Erklärung gefunden. Friedrich Longin leitet dort die Weizenforschung der Landessaatzuchtanstalt. Im Frühjahr 2017 hat Tim Mälzer ihn für die »Lebensmittelchecks« besucht. Longin und sein Team bauen auf den Versuchsfeldern der Universität hunderte verschiedene Getreidesorten an: Weizenvarianten, aber auch Dinkel, Einkorn und Emmer. Die beiden Letzteren enthalten gemäß Longins Untersuchungen sogar mehr Gluten als unser moderner Brotweizen. Doch am Gluten liegt es wahrscheinlich auch gar nicht, wenn Patienten nach Brotgenuss über Darmbeschwerden klagen. Sondern womöglich an fermentierbaren

---

76 Julie Jones: »Wheat Belly«. Eine kritische Betrachtung ausgewählter Behauptungen und Leitthesen aus dem Buch in: Cereal Technology 2012/4, S. 178–200, hier S. 187.

Oligo-, Di- und Monosacchariden sowie Polyolen (zusammengefasst unter dem Akronym FODMAP). FODMAPs sind eine Gruppe von Kohlenhydraten und mehrwertigen Alkoholen, die in einer klinischen Studie 2010 als Ursache für das Reizdarmsyndrom identifiziert wurden.[77] Auch diese FODMAPs sind in Weizen, Dinkel, Emmer und Einkorn gleichermaßen und in ähnlichen Mengen vorhanden. Doch dann hat Friedrich Longins Forschungsgruppe den Praxistest gemacht: »Wir haben zwei Varianten von Broten gebacken. Bei der ersten haben wir Teig angesetzt mit sehr kurzer Teigreifezeit, haben dann gebacken und anschließend die FODMAPs gemessen. Sie waren zu 100 Prozent erhalten geblieben, bei allen vier Getreidearten. Dann haben wir eine Variante gemacht, die vier Stunden Teigreifung hatte, und da waren nach dem Backen nur noch 5 bis 10 Prozent von den FODMAPs drin.«

Unsere Vorfahren waren also ziemlich schlau, als sie das Brotbacken erfunden haben. Die langwierige Sauerteigzubereitung führt dazu, dass wir Getreide besser vertragen. Trickse ich diesen personalintensiven und damit kostenträchtigen Vorgang mithilfe von Enzymen weg, bekomme ich schlechter verträgliches Brot. Und das mag auch den Erfolg von Dinkel und Emmer erklären: Diese Getreidearten werden typischerweise in Bio-Handwerksbetrieben verarbeitet. Wer von einem Weizenbrot aus dem Supermarkt auf ein handwerklich solide gebackenes Dinkelbrot umsteigt, verdankt das Verschwinden seiner Beschwerden also mit hoher Wahrscheinlichkeit gar nicht dem Sortenwechsel, sondern der anderen Zubereitungsart.

---

77 P. R. Gibson/S. J. Shepherd: »Evidence-based dietary management of functional gastrointestinal symptoms: The FODMAP approach«. In: Journal of Gastroenterology and Hepatology 2010/ 25(2), S. 252–258.

Tiefkühlbrötchen auf Reisen

Von 2010 bis 2015 stritten sich Aldi Süd und der Zentralverband des Deutschen Bäckerhandwerks vor Gericht um die Frage, was Backen eigentlich ist. Der interessierte Zuschauer lernte dabei vor allem eines: Ob beim Discounter oder in der Bäckereifiliale – nirgends steht tatsächlich ein Mensch in der Backstube, der selbst gekneteten Teig zu Brötchen formt. Stattdessen kommen Teiglinge – was für ein Wort! – zum Einsatz. Der entscheidende Unterschied, um den der Prozess tobte, bestand lediglich im Ausmaß der Vorarbeit: In den Filialen vieler Großbäckereien kommen begrenzt haltbare Teiglinge zum Einsatz, heruntergekühlt auf Temperaturen von 5 bis 7 Grad Celsius. Das reicht, um den Gärvorgang der Hefe zu unterbrechen. Im Laden wird dieser Gärvorgang dann fortgesetzt, anschließend wandern die Teiglinge in den Backofen.

Im Discounter hingegen gibt es tiefgekühlte Ware, die in der Fabrik bereits fertig vorgebacken wurde. Durch die Tiefkühlung sind diese Teiglinge bis zu einem halben Jahr haltbar. Vor Ort wird das tiefgekühlte Produkt lediglich erwärmt. Nach fünf Jahren Gutachterstreit einigten sich die Parteien außergerichtlich. Übrig blieb jedoch die Frage, wo die »Teiglinge« herkommen. Aus der Fabrik um die Ecke? Kommt drauf an ...

Mit der angegorenen Ware arbeiten selbst klassische Handwerksbäcker – so können sie ihrer Kundschaft den ganzen Tag immer wieder frische Brötchen anbieten. Die Tiefkühlteiglinge indes haben teilweise erstaunliche Reisewege hinter sich. Sie werden dort gebacken, wo Arbeit billiger ist als bei uns: in Polen zum Beispiel oder gar in China! Immerhin 138,7 Tonnen »Mischungen und Teig zur Herstellung von Backwaren« kamen laut Statistischem Bundesamt 2016 aus China – nur ein kleiner Teil der bei uns verarbeiteten Teigmengen, aber trotzdem stellt sich mir die Frage, warum ich überhaupt Brötchen essen soll, die so weit gereist sind. Bei einem Produkt, das aus bei uns heimischen Zutaten ganz einfach zusammengerührt werden kann!

Wegen des Hangs unserer Bäcker zur Profi-Convenience finden sich auch in so vielen unterschiedlichen Bäckereien immer wieder die gleichen Produkte – mit identischer Optik, identischen Namen und identischem Geschmack. Einer der Großen in diesem Geschäft ist die Firma DewiBack aus Berlin. Auf deren Homepage habe ich viele Beispiele für Brötchen und süßes Gebäck gefunden, die ich exakt so schon oft in Verkaufstheken gesehen habe. Alles Tiefkühlware, die als handwerkliche Mogelpackung über den Tresen geht.

Der Vollkornschwindel

Zu den unausrottbaren Mythen in Sachen gesunder Ernährung gehört das Vorurteil, dass Vollkornbrot besser sei als Brot aus gesiebtem Mehl ohne Bestandteile der Schale und des Keimlings.[78] Dieser Glaube führt dazu, dass Kunden bereit sind, mehr Geld für Brot zu bezahlen, dass irgendwie vollwertig rüberkommt. Für findige Geschäftemacher geradezu eine Einladung – denn mit ein paar Schaukörnern und etwas Farbe lässt sich der Gewinn wunderbar maximieren.

Das Deutsche Lebensmittelbuch, das uns schon bei der Wurst begegnet ist und das dort nicht gerade eine Bastion zur Verteidigung von Verbraucherinteressen ist, legt bei Vollkornbrot fest: »Vollkornbrot wird aus mindestens 90 Prozent Roggen- und Weizenvollkornerzeugnissen in beliebigem Verhältnis zueinander hergestellt. Die zugesetzte Säuremenge stammt zu mindestens zwei Dritteln aus Sauerteig.«[79] Das

---

78 Warum das so nicht stimmt, schildere ich ausführlich in meinem Buch über gesunde Ernährung: »Aber bitte mit Butter – Warum Brot nicht dumm und Fett nicht krank macht«, a.a.O.

79 https://www.deutsche-lebensmittelbuch-kommission.de/sites/default/files/downloads/leitsaetzebrot.pdf

lässt ebenfalls Spielraum und bedeutet zudem nicht, dass Vollkornbrot automatisch irgendwie reiner oder zusatzstoffärmer ist, sondern es wird nur aus anderem Mehl hergestellt.

Bei Vollkornbrot wird besonders gerne an der Farbe gedreht: Denn von Natur aus ist auch Vollkornbrot innen eher hell. Und wie dunkel die Kruste ist, liegt an der Backweise, nicht am Mehl. Aber dunkleres Brot kommt besser an und wird von Kunden als irgendwie vollwertiger wahrgenommen. Nun ist der Einsatz von Farbstoffen bei Brot explizit verboten: weil der Verbraucher sonst getäuscht werden könnte. Dieses Verbot betrifft aber praktischerweise nur Farbstoffe, die vor den Augen des Gesetzes als Zusatzstoff gelten.

Gut, dass es genug Zutaten ohne E-Nummer gibt, die die gleiche Funktion erfüllen: Bei Weizenvollkornbroten wird zum Beispiel gerne mit Maisgries gearbeitet. Der gehört nicht aus Geschmacksgründen in die Rezeptur, sondern als billiger Füllstoff, der das Brot farblich aufpeppt und grober wirken lässt. Roggenvollkornbrot bekommt eine Art Makeup mithilfe von Zuckerzubereitungen: Zuckerrübensirup, Invertzuckersirup oder Karamellsirup sind dabei besonders beliebt, oder auch Gerstenmalzextrakt. All diese Stoffe sollen nicht den Geschmack abrunden – wozu auch, Brot schmeckt ja ohnehin leicht süßlich, wenn man es länger kaut, weil sich die Kohlenhydrate darin dann zu Zucker umbauen. Die diversen Siruparten lassen das Brot schlicht dunkler aussehen. Der Trick mit der Farbe adelt auch Nichtvollkornbrote – alles, was mit Namen wie »Vital« oder »Fitness« wirbt, ist in der Regel eingefärbt, ebenso wie viele Brote mit Körnern. Wer das nicht möchte, muss Zutatenlisten genau lesen – und im Zweifel da kaufen, wo er seinen Bäcker fragen kann, was alles im Brot verbacken wurde.

Checkliste für mündige Brotkäufer

▶ »Groß« und »klein« sind nicht zwingend ausschlaggebend für die Arbeitsweise einer Bäckerei. Es gibt große Ketten wie die Münchner Hofpfisterei, die dennoch handwerklich arbeiten, und kleine Bäcker ohne Filialen, die nur Backmischungen verwenden.

▶ Fragen Sie Ihren Bäcker nach der Zutatenliste seiner Backwaren. Zusatzstoffe werden sowohl beim kleinen Bäcker um die Ecke als auch in der Industrie verwendet. Die Bäcker müssen diese Listen zwar gesetzlich nicht bereithalten, aber ein solide arbeitender Handwerker wird seiner Kundschaft diese Transparenz bieten.

▶ Brot ohne Zusatzstoffe benötigt Ruhezeiten und eine Sauerteigführung, die Sachkunde und Erfahrung erfordert. Zu Discounterpreisen ist das nicht zu schaffen.

▶ Je kleiner das Sortiment einer Bäckerei, umso größer die Wahrscheinlichkeit, dass dort nach handwerklichen Maßstäben tatsächlich selbst gebacken wird.

▶ Enzyme verändern die Eigenschaften des Teiges – zum Beispiel wird mit Enzymen gebackenes Brot schneller hart. Je luftiger ein Brötchen oder Brot, umso wahrscheinlicher der Einsatz von Enzymen. Enzyme müssen nicht auf der Zutatenliste stehen – fragen Sie also Ihren Bäcker, ob er Enzyme einsetzt.

▶ Dunkles Brot muss weder im Holzofen gebacken noch aus Vollkorn sein, sondern ist oft nur gefärbt – fragen Sie im Zweifel lieber nach. Typische Farbstoffe sind Zuckerkulör, Zuckerrübensirup, Karamellsirup oder Gerstenmalzextrakt – tauchen die in der Zutatenliste auf, dann geht es dabei nie um Geschmack, sondern um Schummeln mit Farbe!

▶ Deutsche Bio-Bäcker arbeiten ohne künstliche Enzyme. Generell sind bei Bio-Broten deutlich weniger Zusatzstoffe zugelassen.

- ▶ Wir haben es für den »Lebensmittelcheck mit Tim Mälzer« extra getestet – so bleibt Brot am längsten frisch: In ein sauberes Baumwolltuch wickeln und mit der Schnittfläche nach unten auf ein Holzbrett legen oder mit Tuch in einen Brottopf aus Steingut oder Keramik legen.
- ▶ Und noch ein Rat gegen die allgegenwärtige Verschwendung: Aus altem, hartem Brot kann man eine Menge leckere Sachen kochen, vom Semmelknödel über Brotsalat bis zu diversen Desserts!

11. Fertiggerichte – Lebensmittel mit Nebenwirkungen

Vor einiger Zeit habe ich für einen Film etwas ausprobiert: Ich wollte wissen, wie sich ein selbst gemachter Kräuterfrischkäse und ein Convenience-Produkt in Sachen Haltbarkeit unterscheiden. Ein Vierteljahr lang kaufte ich jeden Montag im Supermarkt eine Packung Philadelphia-Kräuterfrischkäse. Gleichzeitig bereitete ich selbst einen Kräuterfrischkäse zu und packte ihn in ein dicht schließendes Glasgefäß. Beide Proben bekamen einen Datumsaufkleber und wanderten in den Kühlschrank. Unter Androhung schlimmster Strafen hielt ich meine Familie davon ab, meine Studienobjekte zu verspeisen. Beim selbst gemachten Testfrischkäse war das schon bald kein Problem mehr: Durchs Glas schimmerten binnen kürzester Zeit spektakuläre Schimmelgebirge in orange, gelb, grün und grau – das hätte keiner mehr essen wollen.

Umso erstaunter waren mein Kamerateam und ich, als wir nach drei Monaten mit der Kamera Bilanz zogen: Die Philadelphia-Testpackungen waren durch die Bank makellos und nur am aufgeklebten Einkaufsdatum vom frisch gekauften Käse unterscheidbar. Bei meinem hausgemachten Kräuteraufstrich hatte sich schon nach 24 Stunden etwas Flüssigkeit abgesetzt. Ein normaler Vorgang, wenn man Frischkäse mit Salz vermischt. Beim Industrieprodukt war selbst nach einem Vierteljahr kein Tröpfchen Molke zu sehen.

Es ist mir trotz intensiven Recherchen nie gelungen, abschließend aufzuklären, warum der gekaufte Frischkäse so erstaunlich haltbar war, weit über das Mindesthaltbarkeitsdatum hinaus. Selbst wenn man bedenkt, dass eine Lebensmittelfabrik vermutlich deutlich keimfreier arbeitet als ich in meiner Küche – ein leichtes Unbehagen verspürte ich doch: Immerhin geht es hier um ein Milchprodukt, und Milch, selbst wärmebehandelt, hält sich ja nur sehr begrenzt …

Die Industrie kocht anders

Bemerkenswert fand ich auch, wie sehr die Rezeptur der Industrieköche von meiner abwich: Ein Kräuterfrischkäse ist ja etwas vergleichsweise Simples – da muss nicht aus trockenen Krümeln eine cremige Suppe entstehen. Insofern hätte ich vermutet, dass auch bei einem industriell erzeugten Frischkäse etwa das Gleiche zum Einsatz kommt, wie in meiner Küche: Frischkäse, Kräuter, Zwiebeln, Knoblauch, Salz. Doch auf der Zutatenliste gleich an zweiter Stelle steht: Molkenerzeugnis. Außerdem enthielt der Industrie-Frischkäse gleich zwei verschiedene Sorten Verdicker – Johannisbrotkernmehl und Carragen. Diese Stoffe, auch bekannt als E 410 und E 407, sind beliebte Zutaten in der Lebensmittelindustrie, weil man davon nur ganz geringe Mengen benötigt und damit sogar Wasser praktisch schnittfest bekommt – ideale Helfer also, um Substanz vorzutäuschen.

Denkbar wäre beispielsweise, Frischkäse mit Molke zu verdünnen – die entsteht als eine Art Abfallprodukt etwa bei der Quarkherstellung und kostet viel weniger als Milch – und durch Verdicker wieder cremig zu machen. Nebenbei erklären die Verdicker auch, warum sich so gar keine Flüssigkeit absetzt …

Darüber hinaus finde ich Citronensäure auf der Liste, alias E 330, als »Säuerungsmittel«. Und dann »Aroma«. Wenn ein Lebensmittel trotz so aromatischer Zutaten wie Kräutern, Zwiebeln und Knoblauch noch zusätzlich künstlich aromatisiert werden muss, spricht das dafür, dass an den teureren Zutaten zugunsten von billigerer Chemie gespart wurde. Nebenbei bemerkt: Mein hausgemachter Frischkäse war übrigens ein Drittel billiger als der Philadelphia-Käse! Und die Zubereitungszeit betrug exakt fünf Minuten ... Nun kann sich ja jeder selbst überlegen, was er gerne essen möchte, und manchem sind vielleicht schon fünf Minuten zu viel Aufwand. Aber was genau essen wir da eigentlich?

Mogelpackungen im Supermarkt

Werbung lügt, das wissen wir alle. Und nicht alles, was auf Verpackungen versprochen wird, entspricht der Realität. Aber was uns die Hersteller von Fertiggerichten auftischen, grenzt teilweise an Volksverdummung. Als Tim Mälzer und ich unseren ersten Film über Fertiggerichte machten, begegnete uns etwa eine Hühnerbrühe, die komplett ohne Hühnerfleisch auskam.

Für die Recherchen zu diesem Buch mache ich einen neuen Streifzug durch den Supermarkt. Gleich nach ein paar Metern werde ich fündig: Ich stoße auf eine Zitronenbuttersoße der Firma Knorr. Ein Feinschmecker-Erzeugnis, verspricht die Packung. Jetzt kann man diskutieren, ob ein echter Feinschmecker tatsächlich Pulver in Wasser rühren würde, wenn er eine Gourmet-Soße essen will. Aber im Alltag berufstätiger Eltern helfen solche Produkte natürlich. Im Internet gibt es diverse Rezepte für Zitronenbuttersoße, etwa als Beigabe zu Spargel. Demnach besteht diese etwa zur Hälfte aus Butter und ansonsten aus Zitronensaft, Weißwein, Schalotten und Knoblauch.

Knorr schafft die Soße laut Zutatenliste mit nur 25 Prozent Butter. Als Nächstes folgen Stärke, Palmöl und Maltodextrin auf der Zutatenliste. Stärke ist schon mal billiger als Butter. Palmöl ist zu Recht sehr umstritten wegen der verheerenden Folgen des Anbaus in der Dritten Welt. Dafür ist es ebenfalls sehr viel billiger als Butter. Maltodextrin wiederum ist ein wahrer Tausendsassa. Wikipedia charakterisiert den Stoff so: »Maltodextrin ist kaum süß und beinahe geschmacksneutral. Da es gerade noch wasserlöslich ist, wird es in der Diätetik eingesetzt, um Mahlzeiten mit Kohlenhydraten anzureichern. In Wasser bildet es eine klebende, trübe und viskose Masse.« Und weiter: »Maltodextrin wird (…) aufgrund seiner Sekundäreigenschaften wie beispielsweise Schaumstabilität als Stabilisator, Füllstoff, Konservierungsmittel sowie als Zutat in der Lebensmittelproduktion verwendet.« Im Klartext: Es sorgt für das schaumige Mundgefühl, dass normale Köche mit 50 Prozent Butter und der Hilfe eines Schneebesens erzeugen würden, und es ersetzt – Stichwort Füllstoff – teurere Zutaten, und das auch noch geschmacksneutral – wie praktisch!

Magermilchpulver, die nächste Zutat, gehört nicht unbedingt zu den herkömmlichen Zutaten für eine Zitronenbuttersoße, erinnert aber zumindest halbwegs an eine normale Kochzutat. Dann wird es wieder spannend: Gemüsemaispulver. Mais ist buttergelb und kostengünstig. Außerdem folgen Zucker in verschiedenen Varianten und diverse Spielarten geschmacksverstärkender Zutaten – Hefeextrakt zum Beispiel, »Würze«, ein aus Weizen und anderen Ingredienzien gewonnener Stoff ähnlich der Maggi-Würze, und »Aromen« mit Gerste, was ebenfalls auf Geschmacksverstärker hindeutet. Ganz am Ende der Liste steht noch Kurkuma – auch sehr gelb, sehr billig und fast geschmacksneutral, deshalb ist das indische Gewürz bei den Herstellern deutscher Hausmannskost extrem populär. Die Zitrone aus dem Soßennamen ist als Zitronensaftpulver dabei, mit 1 Prozent.

Obwohl nun also auf der Zutatenliste reihenweise Inhaltsstoffe aufgelistet sind, deren wesentliche Funktion darin besteht, den Geschmack zu verstärken oder für appetitlich gelbe Farbe zu sorgen, wirbt Knorr auf der Packung damit, dass es sich um ein Produkt ohne geschmacksverstärkende Zusatzstoffe und Farbstoffe handle. Zitat: »Guter Geschmack ist unsere Natur.« Und Sie ahnen es schon: Natürlich ist diese Formulierung völlig legal, weil die Gesetze auch hier wieder mal eher der Verbraucherverwirrung als dem Verbraucherschutz dienen.

Die Spielregeln der Hexenküche

Das liegt an der nur für Experten verstehbaren Unterscheidung zwischen Zutaten und Zusatzstoffen. Insgesamt sind in der Europäischen Union 316 Lebensmittelzusatzstoffe zugelassen. Das EU-Bio-Siegel schränkt die Benutzung bereits deutlich ein und erlaubt noch 47 Zusatzstoffe. Nur rund die Hälfte davon dürfen bei Bioland (23) und Naturland (22) verwendet werden. Am restriktivsten ist Demeter: Der Verband erlaubt lediglich 13 Zusatzstoffe in zertifizierten Lebensmitteln. Die Verbände legen zudem genau fest, welche Zusatzstoffe für welches Produkt zulässig sind. Aber bleiben wir bei den 316 Stoffen, die grundsätzlich in Lebensmitteln eingesetzt werden können.

Seit 2008 muss die Sicherheit aller Lebensmittelzusatzstoffe, die vor dem 20. Januar 2009 in der EU zur Verwendung zugelassen wurden, neu bewertet werden. Die Frist für den Abschluss der Neubewertung aller Lebensmittelzusatzstoffe endet 2020. Im Zuge dieser Klärung verschwanden beispielsweise Azofarbstoffe aus vielen Süßigkeiten. Forscher der Universität Southhampton hatten 2007 nachgewiesen, was Experten schon länger befürchtet hatten: Die grellbunten Farben, etwa in Jelly Beans oder Gummibärchen, können bei Kindern zu Hyperaktivität und Aufmerksamkeitsstörungen führen. Seitdem müssen Produkte mit der Gruppe der Azofarbstoffe und Chinolingelb einen Warnhinweis tragen, und die Höchstmenge für E 104, E 110 und E 124 wurde gesenkt. Grundsätzlich erlaubt sind sie jedoch bis heute. Jeder sogenannte Zusatzstoff hat eine E-Nummer, wobei das E dabei für Europa steht. Weil aber Verbraucher bei zu vielen E-Nummern in der Rezeptur mittlerweile eher zurückschrecken, schreiben die Hersteller die Namen inzwischen lieber aus.[80]

Alle Zutaten müssen in der Zutatenliste aufgeführt werden, in der Reihenfolge der verwendeten Menge. Was ganz oben auf der Liste steht, ist also in größerer Menge verarbeitet worden als die Zutaten am Ende der Aufzählung. Nun gibt es aber Substanzen, von denen nur ganz wenig benötigt wird – Verdicker wie Johannisbrotkernmehl etwa oder die geschmacksbestimmenden Aromen – und die dennoch das Produkt sehr stark verändern. Hier wirkt diese Liste also schon mal leicht verzerrend. Noch verwirrender wird es beim Vokabular: Da wird nämlich wie gesagt unterschieden zwischen Zusatzstoffen – das sind die Substanzen von oben genannter Liste – und Zutaten, die zwar zuweilen die gleiche Funktion erfüllen, aber keine E-Nummern haben, weil sie ursprünglich mal normale Zutaten waren, bevor die Lebensmittelindustrie sie in die Finger bekam.

Verwirrspiel mit Begriffen

Besonders absurd ist dieses Spiel mit Begrifflichkeiten beim Thema Geschmacksverstärker. Der bekannteste Zusatzstoff ist das berüchtigte Glutamat. Dabei handelt es sich um verschiedene Salze der Glutaminsäure, in der Zusatzstoffliste erfasst unter den E-Nummern 620 bis 625. 1908 entdeckte der japanische Forscher Kikunae Ikeda die geschmacksförderliche Wirkung der Glutaminsäure und gründete zur Vermarktung

---

80 Die Initiative »Das ist drin« arbeitet ähnlich wie Wikipedia und sammelt Zutatenlisten im Netz. Auf der Homepage gibt es auch einen E-Nummern-Wegweiser: http://das-ist-drin. de/glossar/e-nummern/

seiner Entdeckung das Unternehmen Ajinomoto, bis heute der Weltmarktführer für Glutamat. Glutaminsäure ist natürlicher Bestandteil fast aller eiweißreichen Lebensmittel und von Tomaten. Wer beim Kochen etwas konzentriertes Tomatenmark ins Gulasch rührt, nutzt diesen Effekt genauso wie beim Reduzieren eines Rindfleischfonds. Auch Parmesan verdankt seinen intensiven Geschmack der in ihm enthaltenen Glutaminsäure.

Für die Lebensmittelindustrie war Glutamat lange Zeit der Heilsbringer. Praktisch zum Nulltarif konnte man mit der Substanz über das Fehlen von Fleisch in der Brühe hinwegtricksen oder die Hälfte der Tomaten durch Wasser, Stärke und roten Farbstoff ersetzen – und trotzdem schmeckte das Produkt irgendwie ganz gut und vor allem intensiv. Als Kunden können wir kaum erschmecken, was wir da wirklich auf dem Teller haben – allenfalls eine besonders heftige Speichelbildung nach dem ersten Löffel deutet darauf hin, dass hier vor allem Geschmacksverstärker schmecken – und nicht die wahren Zutaten. Glücklicherweise hat sich dieser Trick aber mit der Zeit bei der Kundschaft herumgesprochen, und immer mehr Verbraucher lassen die Finger von Produkten mit Glutamat.

Also besannen sich die Lebensmittelhersteller auf Stoffe, die von Natur aus Glutaminsäure enthalten, und veränderten diese industriegerecht. Wenn man die Glutaminsäure aus bestimmten Getreidesorten extrem konzentriert, funktioniert das Resultat genauso effektiv wie Glutamat, darf aber Weizenextrakt oder Gerstenmalzextrakt heißen. Noch hübscher klingt da die Würze, obwohl auch das nichts anderes ist als hoch konzentrierte Glutaminsäure. Außerdem tauchte plötzlich großflächig Hefeextrakt in allen möglichen Rezepturen auf, die unsere Großmütter ganz sicher ohne Hefe zubereitet hätten. Seit Milch so extrem billig und reichlich den Markt flutet, werden auch daraus geschmacksverstärkende Substanzen gewonnen – das kann dann zum Beispiel Milcheiweiß-produkt heißen.

Und weil alle diese Ausgangstoffe theoretisch auch echte Zutaten eines Gerichtes sein könnten, kann vorne auf der Packung völlig legal mit der Ankündigung »Ohne geschmacksverstärkende Zusatzstoffe« geworben werden, auch wenn Stoffe enthalten sind, deren einzige Funktion das Verstärken von Geschmack ist – weil diese Substanzen laut Gesetzgebung eben nicht als Zusatzstoffe gelten, sondern als Zutaten.

Verwirrend? Ja!

Ganz ähnlich funktioniert das Verwirrspiel beim Färben von Lebensmitteln. Nur Farbstoffe mit E-Nummer auf der Zusatzstoffliste müssen explizit als solche ausgewiesen werden. Wenn, wie oben beschrieben, Mais und Kurkuma nur wegen ihrer färbenden Eigenschaften in einem Gericht auftauchen, darf ein Hersteller trotzdem behaupten, dass keine Farbstoffe enthalten seien. Deswegen enthalten etwa Himbeerjoghurts oft Rote-Bete-Saft – da reicht ganz wenig, um eine Färbung zu erzielen, die eineinhalb Himbeeren in einem Becher Joghurt nicht schaffen. Auch bei den eingangs erwähnten Miracoli-Spaghetti ist in der Soße Rote-Bete-Pulver enthalten – jede italienische Mamma würde beim Gedanken an Rote Bete im Tomatensugo zu Recht in Tränen ausbrechen!

Wieder mal drängt sich der Verdacht auf, dass die Gesetze in diesem Bereich nicht gestaltet sind, um uns Verbraucher zu schützen oder auch nur zu informieren, sondern eher, um die Interessen der Industrie zu wahren. Und die scheint eine Art Wettbewerb ausgerufen zu haben, wie weit man Rezepturen dehnen und den Gehalt an echten Zutaten reduzieren kann, ohne dass der Kunde merkt, was er da wirklich isst.

Ein Ausflug auf einen fremden Planeten

Im November 2016 bin ich zum Drehen auf einer sehr speziellen Messe: Die »Food Ingredients« ist weltweit der wichtigste Umschlagplatz für all das, womit die Lebensmittelindustrie so kocht. Alle zwei Jahre treffen sich in Frankfurt am Main die Lieferanten der Fertiggerichtehersteller aus der ganzen Welt. Die erste, wirklich bizarre Beobachtung, die wir dort machen: Offenbar gelten in dieser Welt ganz andere Qualitätskriterien als in meiner Küche zu Hause. An zahlreichen Ständen weisen die Hersteller stolz darauf hin, dass ihr Produkt geschmacks- und geruchsneutral sei. Die Abwesenheit von Geschmack als Verkaufsargument, bei etwas, das wir essen sollen? Verkehrte Welt! Der Grund ist offensichtlich: So lassen sich die diversen Faserstrukturen und Pülverchen universell einsetzen, ob im Frucht-Smoothie oder in der Gulaschsuppe.

Auf der Food Ingredients begegnen wir Soja-Schwämmchen, mit denen sich Hackfleischgerichte strecken lassen, Palmölpuder mit Buttergeschmack als billiger Ersatz für echte Butter, Enzymkleber für Formschinken und Geschmacksverstärker aller Arten. Das große Thema ist »Clean Labeling«, ein weiterer Slogan, mit dem hier fast alle werben – Inhaltsstoffe, die auf der Zutatenliste möglichst »unchemisch« klingen. Zum Beispiel ein Produkt aus den weißen Trennhäutchen in Zitronen: Getrocknet und pulverisiert (und natürlich geschmacksneutral) kann man damit praktisch jedes Fertiggericht verlängern und verdicken. Der Marketingchef führt mir vor, wie das funktioniert. Ein kleiner Teelöffel in eine Tasse Wasser gerührt, hat das Wasser nun die Konsistenz von Apfelmus und schmeckt tatsächlich nach – gar nichts! Nicht einmal ein Hauch von Zitrone … In der Rezeptur firmiert das Wunderpulver harmlos unter Zitrusfasern und adelt das Produkt damit sogar noch mit der Anmutung von Obstgenuss und Vitamin C.

Wie schädlich sind Zusatzstoffe?

Vorneweg die gute Nachricht: Wirklich gesundheitsgefährlich sind die in der EU zugelassenen Zusatzstoffe in der Regel nicht – mal abgesehen von den schon erwähnten Azofarbstoffen, die allerdings praktisch vom Markt verschwunden sind, seit die Hersteller auf die Risiken hinweisen müssen. Weil etwa Süßwaren, die bei Kindern laut Packungsaufschrift ADHS auslösen könnten, weitgehend unverkäuflich sind, haben die Hersteller von Bonbons, Gummibärchen und Co blitzschnell reagiert. Seitdem wird vorwiegend mit Pflanzenpulver gefärbt. Allerdings gibt es auch bei einigen der erlaubten Zusatzstoffe berechtigte Bedenken – hier geht es zwar nicht gleich um Krebs oder Alzheimer, aber doch um gute Gründe, genauer hinzusehen.

So warnt das staatliche Bundesamt für Risikobewertung zum Beispiel schon seit 2004 vor zu viel Zitronensäure: »Nach einer Untersuchung von Wissenschaftlern der Universität Zürich sinkt beim Verzehr von Süßwaren mit hohem Zitronensäureanteil der pH-Wert des Speichels stark ab. Dies wiederum könne insbesondere bei Kindern, die häufig solche Süßwaren in großen Mengen verzehren, zu einer Herauslösung von Mineralstoffen aus dem Zahnschmelz und in der Folge zu schweren Zahnschäden führen.« Gleiches sei auch beim häufigen Verzehr von Getränken mit hohem Zitronensäureanteil zu befürchten.[81]

Zitronensäure wird großflächig verwendet – in Eistee, Fruchtsäften und Limonaden, in Babygläschen mit Obst- und Gemüsebrei, aber auch in industriell hergestellten Marmeladen, Bonbons, Gummibärchen und sogar in Industriebrot. Als Konservierungsstoff findet sich die Zitronensäure zudem in zahlreichen Fertiggerichten und Konserven.

---

81 http://www.bfr.bund.de/cm/343/hohe_gehalte_an_zitronensaeure_erhoehen_das_risiko_fuer_zahnschaeden.pdf

Ein anderer Problemfall sind die bereits ausführlich beschriebenen Geschmacksverstärker, sei es als Zusatzstoff oder als Zutat. Deren Einsatz könnte beim rapiden Anstieg von Übergewicht in Industriegesellschaften eine Rolle spielen.[82] Als Tim Mälzer und ich 2010 zum ersten Mal zusammenarbeiteten, ging es um Fertiggerichte. Damals besuchten wir den Wissenschaftler und Kinderarzt Prof. Dr. Michael Hermanussen. Er hatte immer wieder beobachtet, wie gerade bei den jüngsten Konsumenten ein enger Zusammenhang zwischen Übergewicht und dem regelmäßigen Konsum von Lebensmitteln mit viel Glutaminsäure zu bestehen schien. Nach seinen Studien kommt er zu folgender Erklärung: Die Geschmacksverstärker hebeln im Hirn die Sättigungsbremsen aus und sorgen dafür, dass wir viel mehr essen, als wir brauchen.

Tim Mälzer kam das sofort bekannt vor: In Dosenravioli, dem Kultessen seiner Kindheit, ist reichlich Glutamat verkocht – und immer hatte er die komplette Dose weggeputzt, auch wenn das eigentlich zwei Portionen gewesen wären. Ich selbst kenne das von Kartoffelchips: Ist die Tüte erst mal offen, esse ich sie auch leer. Leider sind Studien wie die von Hermanussen die große Ausnahme – zu vielen Zusatzstoffen gibt es gar keine Forschungen!

Das Schweigen der Wissenschaftler

Ich habe beispielsweise längere Zeit versucht zu klären, was die vielen Verdicker für uns gesundheitlich bedeuten könnten. Ein Molkereifachmann, der allerdings aus Furcht um seine Aufträge anonym bleiben wollte, schilderte mir am Telefon, dass er seine Kinder grundsätzlich nichts essen lasse, was Jo-

---

82 M. Hermanussen et al: »Obesity, voracity and short stature. The impact of glutamate on the regulation of appetite«. In: European Journal of Clinical Nutrition, 2006/60, S. 25–31.

hannisbrotkernmehl, Guakernmehl oder Carragen enthalte, wegen der negativen Folgen für die Verdauung. Klingt irgendwie plausibel, schließlich macht schon eine kleine Messerspitze dieser Verdicker einen halben Liter Wasser zu einem festen Gel. Gut vorstellbar also, dass die Stoffe Ähnliches mit unserem Kot anstellen. Erforscht hat das jedoch niemand.

Zusatzstoffe scheinen generell ein wenig populäres Forschungsobjekt zu sein. Betrachtet man die Struktur unserer Forschungslandschaft, wird schnell klar, warum das so ist: Zunächst einmal liegt das am Berufsbild des Lebensmittelchemikers. Für die gibt es im Prinzip zwei Arten möglicher Arbeitgeber: Forschungsinstitute und die Industrie. Oft waren Lehrstuhlinhaber zuvor bei den großen Lebensmittelherstellern angestellt, oder sie wechseln umgekehrt von der Universität in die Wirtschaft. Da wird sich ein karrierebewusster Forscher gut überlegen, ob er mit Erkenntnissen über die schädliche Wirkung von gerne verwendeten Zutaten Schlagzeilen machen möchte.

Noch fataler jedoch wirkt die Finanzierung von Forschung in Deutschland. In Zeiten knapper Haushaltsmittel sind die Universitäten gehalten, Drittmittel an Land zu ziehen. Im Bereich der Lebensmittelchemie kommt dieses Geld zu großen Teilen – aus der Lebensmittelindustrie. Und selbst wenn diese Drittmittel nur 20 Prozent des gesamten Forschungsetats eines Instituts ausmachen: Wer ein Fünftel seiner Gelder bei Nestlé, Unilever und Co einwerben muss, wird keinen allzu großen Wert darauf legen, mit den restlichen 80 Prozent Studien zu finanzieren, die den Interessen dieser wichtigen Geldgeber möglicherweise zuwiderlaufen.[83]

---

83 Im Internet gibt es eine sehr hilfreiche Datenbank zu Zusatzstoffen und ihrer gesundheitlichen Einschätzung: Unter http://www.food-detektiv.de informieren der Stuttgarter Journalist Hans-Ulrich Grimm und seine Kollegen und aktualisieren die Fakten regelmäßig.

Dabei gäbe es durchaus Forschungsbedarf: Wir wissen schlicht nicht, was es in unseren Körpern auslöst, wenn etwa Milch in komplizierten Prozessen so stark konzentriert wird, dass sie als Geschmacksverstärker funktioniert. Christian Niemeyer vom Deutschen Zusatzstoffmuseum in Hamburg beispielsweise hat Bedenken: »So wie wir als Kleinkinder von der Muttermilch Informationen bekommen, die das Immunsystem oder den Tag-Nacht-Rhythmus steuern, so könnten da auch Stoffe drin sein, die nichts ausmachen, wenn Sie am Tag ein bisschen Quark essen und zwei Liter Milch trinken – die aber sehr wohl etwas ausmachen, wenn dieser Stoff plötzlich in allen Lebensmitteln im Markt angereichert ist, weil es dann vielleicht einhundert Litern Milch entspricht. Und dann kann der Körper eventuell darauf reagieren.«

Die fehlenden Studien relativieren die Überprüfung der Zulassung von Zusatzstoffen durch die Europäische Gesundheitsbehörde erheblich: Denn die forscht nicht selbst, sondern sichtet lediglich, was die Studienlandschaft an Erkenntnissen bietet. Doch wo nicht geforscht wird, kann auch nichts Nachteiliges herauskommen. Sehr praktisch!

Was schmeckt hier eigentlich?

Ein Lebensmittel, das möglichst wenig kosten darf, ewig haltbar sein soll und trotzdem noch halbwegs so schmecken muss, wie wir Kunden es aus unserer eigenen Küche kennen – fast könnte man mit den Food-Designern Mitleid bekommen. Aber nur fast, denn es gibt ganz einfache Tricks, mit denen Geschmack ohne Substanz erzeugbar ist. Zunächst einmal setzt fast jedes Fertiggericht auf die Formel Fett-Säure-Zucker – billige Komponenten, die mithilfe von Geschmacksverstärkern eine Art universellen Grundgeschmack erzeugen. Für unseren Fertiggerichte-Film ließ ich damals Tim Mälzer und seine Restaurantcrew diverse Fertiggerichte blind verkosten – püriert, damit meine Tester aus der Konsistenz keine Rückschlüsse ziehen konnten.

Der Test war bei jeder Vorführung ein großer Lacher: Ob Cordon bleu, Schweinemedaillons mit Waldpilzen oder Kartoffelbrei mit Fleischbällchen – Tims Küchenchef, ein Experte in Sachen Geschmack also, schmeckte immer Hühnerfrikassee! Tim Mälzer selber hielt das Cordon bleu für Pommes und Bohneneintopf für Pilzragout. Nicht mal bei der Hälfte der Versuche lagen die Gastro-Profis richtig.

Besonders mit Zucker schummeln sich Hersteller gerne über Sparrezepturen hinweg – auch in deftigen Speisen, in denen Zucker an sich gar nichts verloren hätte. Für uns Verbraucher ist dieser Trick besonders schwer zu entlarven, weil der Zucker auf der Zutatenliste unter den verschiedensten Namen auftauchen kann: Saccharose, Dextrose, Raffinose, Glukose, Fruktosesirup oder Fruktose-Glukose-Sirup, Glukosesirup, Stärkesirup, Karamellsirup, Laktose, Maltose oder Malzextrakt, Maltodextrin, Dextrin oder Weizendextrin, Süßmolkenpulver, Gerstenmalz oder Gerstenmalzextrakt.

Das verschleiert nicht nur, was wir da wirklich essen, sondern betreibt auch in Sachen Mengenangabe Kosmetik: Fünf verschiedene Zucker in entsprechend kleineren jeweiligen Mengen wandern auf der Zutatenliste praktischerweise weiter nach unten. Immerhin muss der Zuckergehalt seit Dezember 2016 bei der Nährwertkennzeichnung gesammelt auftauchen: In der Nährwerttabelle steht der Gesamtzuckergehalt in Gramm.

Noch wichtiger für die Geschmackszauberer sind die Aromen. Minimalste Mengen dieser Zaubermittelchen aus dem Labor sorgen für erstaunlich authentische Geschmackserlebnisse. Wir haben beim Drehen schon mit einem Tropfen Erdbeeraroma ein sehr überzeugendes Fruchtjoghurt – komplett ohne Erdbeeren – gezaubert. Wie so oft ist auch hier der Gesetzgeber keine echte Hilfe in Sachen Verbraucherschutz.

Bleiben wir bei der Erdbeere: Steht auf dem Joghurt »natürliches Erdbeeraroma«, dann handelt es sich tatsächlich um Geschmacksstoffe, die aus echten Erdbeeren gewonnen wurden. Ein teures Verfahren, deshalb ist diese Bezeichnung auch eher die Ausnahme. Üblicherweise findet sich »natürliches Aroma« auf der Zutatenliste – damit meint der Gesetzgeber, dass der Aromastoff irgendwie natürlich gewonnen wurde, etwa aus Schimmelpilzen oder Holzspänen.[84] Ein typischer Verbraucher würde das vermutlich nicht meinen, aber so erlaubt es das Gesetz ...

Die meisten Fertiggerichte sind Mogelpackungen: Kalorienreicher als Selbstgekochtes wegen des vielen Fetts und Zuckers, voll von Füllstoffen und geschmacksförderlicher Chemie. Und unverhältnismäßig teuer, wenn man bedenkt, was da verkocht wurde. Die Zeitersparnis erkaufen wir praktisch immer mit unerwünschtem Beiwerk – selbst fertig geriebener Käse in der Packung ist nicht mehr einfach nur Käse, weil er als Rieselhilfe meist noch Maisstärke in der Tüte dabei hat. Brauchen wir das wirklich? Ich würde im Zweifel lieber in ein Kochbuch investieren, mit Tipps für schnell gekochte Gerichte. Was die Industrie uns auftischt, hat mit echten Lebensmitteln meist nur entfernt etwas zu tun!

Checkliste für Köche mit wenig Zeit

▶ Lassen Sie sich nicht von Werbeversprechen auf der Verpackung täuschen. Entscheidend ist immer, was in der Zutatenliste steht. Oft werben die Hersteller mit Selbstverständlichkeiten: »Ohne Konservierungsstoffe laut Gesetz«

---

84 Daher stammt übrigens die Legende, dass die Erdbeeren im Joghurt in Wirklichkeit Sägespäne seien. Tatsächlich geht es dabei um Erdbeeraromen, die aus Holzspänen gewonnen wurden.

bedeutet nicht etwa, dass der Hersteller auf deren Einsatz netterweise verzichtet hat, sondern dass er die gesetzlich gar nicht zusetzen darf.

▶ Je länger die Zutatenliste, desto mehr Skepsis ist geboten – das spricht in der Regel für viel Füllstoff. Auch ein hoher Wasseranteil ist eher ein schlechtes Zeichen. Augen auf bei allen Ingredienzen, mit denen Ihre Großmutter nicht gekocht hätte.

▶ Es lohnt sich nachzurechnen, wie viel von den namensgebenden Zutaten tatsächlich enthalten ist – eine Erdbeere pro Joghurt ist wenig, und eine Rindfleischsuppe mit 0,4 Prozent Rindfleischextrakt ein schlechter Scherz!

▶ Nicht nur Glutamat ist ein Geschmacksverstärker. Auch Hefeextrakt, Würze, Soja- und Weizenextrakt oder Milcheiweiß haben geschmacksverstärkende Wirkung. Weil das aber laut Gesetz Zutaten sind und keine Zusatzstoffe, kann auf der Vorderseite der Packung dennoch werbewirksam stehen, dass das Gericht ohne geschmacksverstärkende Zusatzstoffe produziert wurde.

▶ Viele Fertiggerichte enthalten versteckte Zucker. Dazu gehören Saccharose, Dextrose, Raffinose, Glukose, Fruktosesirup oder Fruktose-Glukose-Sirup, Glukosesirup, Stärkesirup, Karamellsirup, Laktose, Maltose oder Malzextrakt, Maltodextrin, Dextrin oder Weizendextrin, Süßmolkenpulver, Gerstenmalz oder Gerstenmalzextrakt und Honig. Entscheidend ist der Gesamtzuckergehalt laut Nährwerttabelle.

▶ Bio-Fertiggerichte enthalten auch Zusatzstoffe, aber zumindest weniger als konventionelle Gerichte. Der Einsatz von Glutamat ist im Bio-Bereich verboten, dafür findet sich dort aber oft Hefeextrakt.

▶ Was auch gegen die Köche aus der Industrie spricht: Bei Fertiggerichten fällt in der Regel viel Verpackungsmüll an.

Anders einkaufen

Während ich an diesem Buch schreibe, arbeite ich mit meinem Team an einer neuen Staffel ARD-»Lebensmittelchecks« mit Tim Mälzer. Zwei der Filme beschäftigen sich mit unseren Handelsstrukturen und dem Preisdruck. Interner, flapsiger Arbeitstitel: »Warum ist unser Essen so scheiße?« Das ist aber nicht nur als Scherz gemeint: Wir bezahlen wenig, aber dafür bekommen wir auch wenig Gutes. Und die geltenden Gesetze machen es uns Verbrauchern unnötig schwer, wenn wir uns diesem Mechanismus entziehen wollen.

Ich habe am Anfang des Buches geschildert, welchen Einfluss die Strukturen unseres Lebensmitteleinzelhandels auf die Nahrungsmittelqualität bei uns in Deutschland haben. Wer sich dem entziehen will, muss zunächst einmal die Supermärkte der großen Vier – Aldi, Lidl, Rewe, Edeka – meiden. Der immense Wettbewerbsdruck dort führt fast zwangsläufig zu einer Lebensmittelerzeugung zulasten der Beteiligten: der Bauern, der Tiere, ja selbst der großen Hersteller. Nicht alles, was teuer ist, muss automatisch gut sein. Wenn aber etwas wahnsinnig billig ist, ist ganz sicher irgendwo ein Haken. Kostendruck und Lebensmittel mit Qualität schließen sich aus!

Je weniger Stationen zwischen uns und den Erzeugern unserer Mahlzeiten liegen, desto mehr Geld fließt in die Qualität der Produkte. Das muss übrigens nicht unbedingt teurer sein: Saisongemüse kostet auf dem Bauernmarkt oder im Hofladen im Zweifel sogar weniger als beim Discounter. Ich bin der festen Überzeugung, dass wir Verbraucher es in der Hand haben, etwas am bestehenden System zu ändern, indem wir es umgehen, wo immer es geht. Und es gibt immer mehr Initiativen, die versuchen, den Weg der Ware vom Hof zum Kunden direkter zu gestalten. Den Titel unseres Films haben wir übrigens inzwischen geändert auf »Wie gut ist unser Essen« … und wir sind auf etliche Möglichkeiten gestoßen, wie wir als Kunden schon heute besser einkaufen können.

Die Revolution der Hausfrauen

Im Sommer 2017 bin ich unterwegs nach Zürich. Angesichts der Flüchtlingskatastrophe im Mittelmeer bin ich für eine ZDF-Reportage auf der Suche nach Beispielen, wie sich für afrikanische Bauern Perspektiven zu Hause schaffen lassen. Und bin dabei auf die Gebana AG gestoßen. Schon 1973 hatte sich eine Gruppe Schweizer Hausfrauen gefragt, wie es eigentlich sein kann, dass Bodenseeäpfel im Supermarkt mehr kosten als Bananen aus Nicaragua, trotz des weiten Transports. Als die Handelskette Migros den Bananenpreis noch mal um 15 Rappen senkte, gingen die streitbaren Kundinnen dagegen auf die Straße – eine Demonstration *für* höhere Preise! Die sogenannten Bananenfrauen wurden damals zu Pionierinnen des fairen Handels.

Seit 1998 betreibt die Firma zahlreiche Kooperationen mit Landwirten etwa in Afrika oder Südamerika und vertreibt deren Produkte direkt an den Endverbraucher. Dabei passiert ein möglichst großer Teil der Wertschöpfung vor Ort. Außerdem werden die Erzeugnisse – vorwiegend Nüsse, aber auch Trockenobst, Kaffee oder Getreide – nicht zigfach umgepackt. Wer sich für Großpackungen entscheidet und sich möglicherweise im Freundeskreis organisiert, bezahlt für die Produkte in kontrollierter Bio-Qualität nicht mehr, als er im heimischen Bio-Markt berappen müsste.

Als Gebana-Kunde muss man allerdings auch lernen, saisonaler zu leben: Anders als im Supermarkt gibt es nicht alles immer. Die Produkte werden dann verarbeitet und verschickt, wenn sie geerntet werden. Das spart Lagerkosten. Es kann auch durchaus vorkommen, dass sich eine Lieferung verzögert, weil etwa der Ananasbauer in Ghana beschließt, die Früchte wegen der Wetterbedingungen noch etwas länger reifen zu lassen, bevor er mit der Ernte beginnt. Dafür bekommt der Kunde dann aber auch Ware, die richtig gut schmeckt.[85]

Einen großen Teil ihres Gewinns erzielen die Schweizer mittlerweile mit dem sogenannten »Crowdordering«: Unter dem Slogan »Weltweit ab Hof« bekommen Bauern in aller Welt so die Chance, ihre Erzeugnisse direkt an den Endkunden zu verkaufen, ohne teure Zwischenhandelsstrukturen. Dabei werden auf einer Onlineplattform so lange Kunden gesammelt, bis sich der Export nach Europa für den Anbieter lohnt. Als ich zum Drehen in Zürich war, wurden beispielsweise gerade Abnehmer für 600 Kilo Mandeln aus Tunesien gesucht. Ich war neugierig und kaufte damals das Kilo mit der laufenden Nummer 321. Ein paar Wochen später hatten sich genug Käufer gefunden, und ich bekam nach der Ernte ein Kilo erntefrischer Mandeln nach Hause geliefert – die Weihnachtsbäckerei war gesichert!

Zeit für digitale Querdenker

Das Einkaufen im Internet wird oft verteufelt, als Tod der kleinen Einzelhandelsgeschäfte. Wer sich im Fachhandel ausgiebig beraten lässt, um dann mit diesem Wissen online fachkundig auf Schnäppchenjagd zu gehen, missbraucht die Möglichkeiten sicher. Doch da, wo uns das Netz in Kontakt bringt mit Erzeugern, die sich dem Teufelskreis aus Preisdruck und immer schlechteren Produkten entziehen möchten, finde ich das Internet ein echtes Geschenk.

---

85 https://www.gebana.com/de/

Seit vergangenem Winter zum Beispiel kommen die Orangen für meinen morgendlichen Saft direkt von einem Hof in Spanien. Dort hatten 2010 zwei Brüder beschlossen, die Orangenplantage ihres Großvaters in der Nähe von Valencia zu retten. Die beiden ärgerten sich darüber, wie wenig von dem Geld, das Kunden im Supermarkt bezahlen, tatsächlich bei den Bauern landete. Und sie waren entsetzt, wie schlecht die Qualität dieser Ware oft war. Sie beschlossen, auf »Crowdfarming« zu setzen, ein Modell, das sich im Prinzip an Genossenschaften orientiert. Wer bei »Naranjas del Carmen« Bio-Orangen oder -Clementinen kaufen möchte, muss zunächst einen Baum pflanzen lassen, für 80 Euro. Dafür gehören dem Kunden die 80 Kilo, die ein solcher Baum durchschnittlich im Laufe einer Saison einbringt. Ab dem zweiten Jahr beträgt der Jahresbeitrag nur noch 60 Euro. Hinzu kommen noch die Logistikkosten für den Versand.

Unterm Strich bezahle ich für meine Orangen so etwas weniger als im Bio-Laden. Mit dem schönen Gefühl, dass ich weiß, wo mein Geld landet. Außerdem sind die Orangen viel frischer als das, was ich nach langen Wegen vom Bauer über diverse Zwischenhändler im Laden finde. Das schmeckt man! Die Transportkosten versuche ich inzwischen zu minimieren, indem ich diverse Freude an »meiner« Orangenernte beteilige.[86]

Nach einem ähnlichen Prinzip funktioniert die Solidarische Landwirtschaft, kurz Solawi. Dabei finanzieren Privatleute die laufenden Kosten eines Bauernhofes mit und bekommen im Gegenzug die Produkte, die der Landwirt erzeugt. Solche Modelle gibt es mittlerweile in ganz Deutschland – bei manchen zahlt man als Kunde einfach einen festen monatlichen Betrag, bei anderen darf oder soll man ein paar Tage im Jahr mitarbeiten. Gemeinsam haben sie alle, dass wir Verbraucher so wie-

---

86 https://www.naranjasdelcarmen.com/

der näher an den Ursprung unserer Lebensmittel heranrücken und die Macht der Handelsketten durchbrechen. Der Großteil der Wertschöpfung bleibt beim Landwirt, er bekommt Planungssicherheit und kann hochwertigere Produkte anbieten, weil sich die Produktion für ihn lohnt.[87]

Ein anderer Trend sind Mitgliederläden. Für die Lebensmittelchecks haben wir beispielsweise den Öko-Esel besucht. Die Betreiber aus dem Münchner Stadtteil Neuhausen beschreiben ihr Konzept der Versorgung ohne Profitgedanken so:

Wir möchten mit Öko-Esel einen Ort der Versorgung schaffen, der sich den starren Marktmechanismen ein Stück weit entzieht. Wir decken unsere laufenden Kosten nicht durch Aufschläge auf die Waren. Stattdessen garantieren monatliche Mitgliedsbeiträge den Fortbestand. Und wir können uns ganz auf eine bestmögliche Versorgung konzentrieren – das bedeutet: biologisch, fair gehandelt und so regional wie möglich. Da Öko-Esel die Produkte nahezu zum Einkaufspreis weitergibt, ermöglicht der Mitgliederladen noch mehr Menschen eine gute biologische Ernährung.[88]

Auch Fleisch kann man mittlerweile auf eine ressourcenschonendere Weise im Internet kaufen: Verschiedene Firmen sammeln Kunden, bis sie das Fleisch eines kompletten Tieres verkauft haben, und nicht nur Schnitzel und Filetstücke. Erst dann wird das Tier geschlachtet. Ein Schritt gegen die gewaltige Verschwendung, die durch unser verwöhntes Verbraucherverhalten entsteht. Ich mag den Gedanken, dass das komplette Tier beim Kunden landet – wenn schon ein Tier stirbt, dann

---

87 Das Netzwerk Solidarische Landwirtschaft informiert darüber, wo es in Ihrer Nähe solche Projekte gibt: https://www.solidarische-landwirtschaft.org/startseite/

88 https://oekoesel.de/konzept/

sollte es mit Wertschätzung verwertet werden – und nicht in der Tonne oder zu Dumpingpreisen in Afrika landen.[89]

Zeit für Widerspruch

Ich schreibe die letzten Seiten dieses Buches auf einer Drehreise fürs ZDF in den Senegal. Wir sind wieder auf der Spur von EU-Nahrungsmittelexporten – diesmal ist es Weizen –, die einheimische Produzenten vom Markt verdrängen und so unter anderem jene Fluchtursachen schaffen, die unsere Politik angesichts der Flüchtlingsströme angeblich beseitigen will. In Dakars Supermärkten begegnen uns deutsche Milch, spanischer Dosenfisch, portugiesisches Tiefkühlgemüse, französisches Mehl … lauter Produkte, die in der Region problemlos selbst erzeugt werden könnten.

Natürlich ist die Situation in Afrika nicht mit unserer vergleichbar. Aber dennoch glaube ich, dass sie uns als Warnsignal dienen kann: So, wie wir im Moment mehrheitlich konsumieren, sägen wir den sprichwörtlichen Ast ab, auf dem wir sitzen. Ich bin der festen Überzeugung, dass wir es besser machen können. Das soll niemandem die Lust an exotischen Spezialitäten verderben: Es ist okay, sich gelegentlich etwas Besonderes zu gönnen. Aber wäre es nicht viel sinnvoller, wenn wir zumindest den Alltagsbedarf mit Lebensmitteln aus unserer Region decken?

Durch meine Arbeit spreche ich viel mit Verbrauchern, besuche Geschäfte und suche gezielt nach Initiativen, die sich den geltenden Mechanismen verweigern. Seit einiger Zeit habe ich den Eindruck, dass sich etwas verändert: Immer mehr Verbraucher haben es satt, beim Einkaufen angelogen zu werden. Sie sehnen sich nach guten, fair erzeugten Produkten

---

89 https://geteiltes-fleisch.de/ und https://www.kaufnekuh.de/

mit vertrauenswürdiger Herkunft. Sie wollen nicht das Billigste kaufen, sondern etwas Werthaltiges, transparent produziert. Ich finde das ermutigend.

Es ist Zeit für eine Verbraucherrevolution, gegen Etikettenschwindel und Irreführung, für bessere Lebensmittel, für fairere Preise und für Gesetze, die uns Kunden nutzen und nicht der Industrielobby. Es lohnt sich, dem Handel und der Industrie mit unseren berechtigten Fragen auf die Nerven zu gehen. Wir haben ein Recht darauf zu erfahren, wo unsere Lebensmittel herkommen und wie sie erzeugt wurden. Mit unserem Verhalten können wir ganz einfach Teil dieser Revolution sein: Durch unsere Einkaufsentscheidungen bestimmen wir den Markt. Durch unsere Fragen sensibilisieren wir Handel und Hersteller für unsere Kundenwünsche. Besser einkaufen – weil wir uns das wert sein sollten.

Dank

Dieses Buch beruht nicht nur auf meinen eigenen Recherchen in Sachen Lebensmittelqualität. Mein besonderer Dank gilt allen voran meinen Kolleginnen, die für die »Lebensmittelchecks mit Tim Mälzer« unermüdlich auf Spurensuche gegangen sind und viele Missstände aufgedeckt haben: Maren Winter, Tanja von Ungern-Sternberg, Nicole Mühlberger und Caroline Habel. Ohne ihre Arbeit gäbe es dieses Buch nicht.

Danke auch an Tim Mälzer: Er war stets mein kritischster Zuschauer und stellte die Fragen, die letztlich alle Verbraucher bewegen. Besonders dankbar bin ich daneben den beiden ProduzentInnen, die mich immer wieder ermutigt haben, weiterzusuchen, nachzuhaken und den Mechanismen in der Lebensmittelproduktion auf den Grund zu gehen: Dagmar Biller von Tangram International und Oliver Wirtz von tibool.

Vielen Dank an das Team, mit dem ich die Filme gemacht habe, auf denen dieses Buch beruht: Oliver Biebl, Christian Bobsien und Fabian Runtenberg, und an meinen geduldigen Freundeskreis, der sich immer noch gerne meine Vorträge zum Thema Essen anhört und mir stets das Gefühl gibt, dass diese Inhalte wichtig sind. Und natürlich, last but not least, an Jakob und Theresa: Ihr seid die besten Kinder der Welt und schon in jungen Jahren genau die kritischen, mündigen Verbraucher, die unsere Welt braucht!

Register

Gemeinsam mit Lebensmittelchemikerin Kerstin Filipzik bastele ich Analogkäse.

So sollten Kühe leben! Dreh bei einem der Milcherzeuger der Molkerei Berchtesgadener Land.

Auf der Messe Eurotier bestaune ich Hochleistungs-Milchkühe.

Im Bergland von Kamerun stoßen Francisco Marì von »Brot für die Welt« und ich auf Milchpulver, das mit Palmöl gestreckt ist.

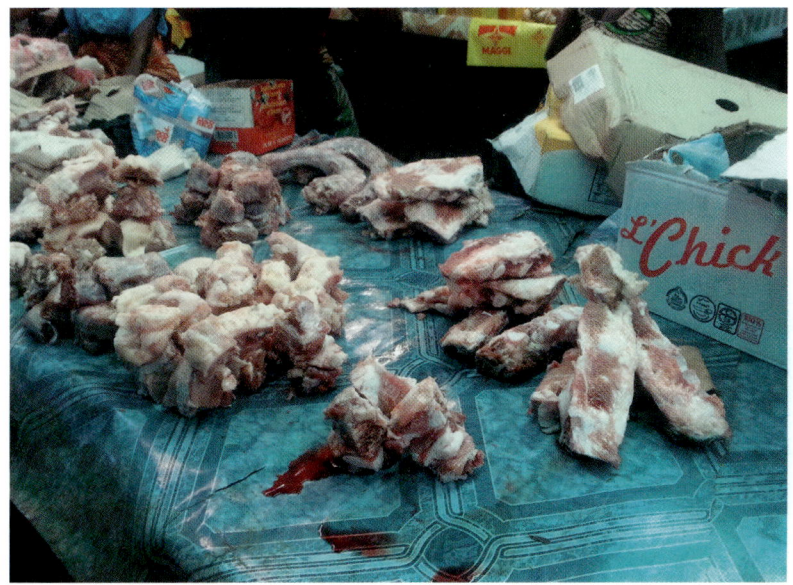

Aufgetaute Hähnchenreste aus Europa auf dem Markt in Liberias Hauptstadt Monrovia.

Heimisches Geflügel gibt es auf Liberias Märkten kaum noch – nur das, was wir in Europa nicht essen mögen.

Ein Lagerhaus am Hafen von Monrovia – dort funktioniert die Kühlkette noch. Später nicht mehr ...

Der Teig in der Münchner Hofpfisterei ruht mindestens einen Tag lang.

Marketingchef Friedbert Förster zeigt mir, wie die Natursauerteige angesetzt werden.

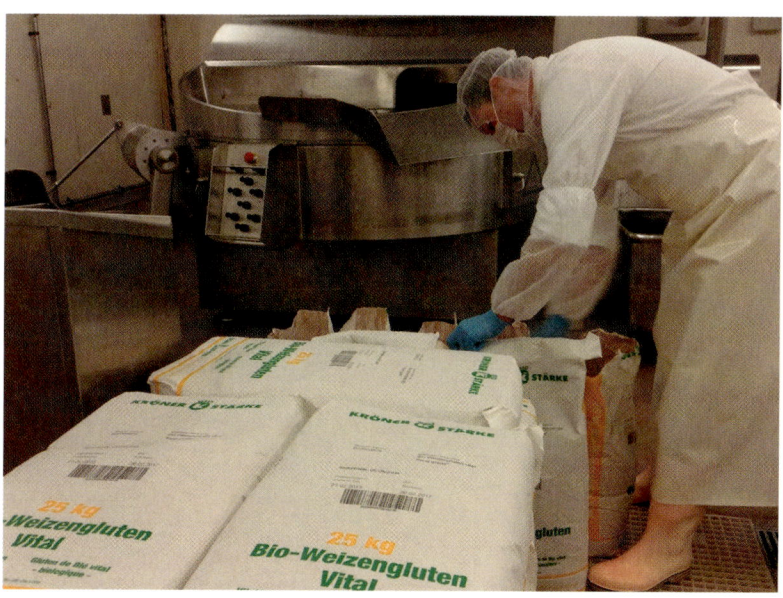

Aus dem bei vielen so verpönten Gluten werden vegane Ersatzwürste gemacht.

Dreh an einem Crêpes-Stand in Senegals Hauptstadt Monrovia.

Analogkäse auf der »Food Ingredients«, der weltweit größten Messe für
Zusatzstoffe.

Mit geschmacksneutralen Sojafasern wird der Burger billiger.

Mit Palmölpulver wird Butter ersetzt.

Tiefkühl-Zutaten für Fertiggerichte.